POR UMA SEGURANÇA PÚBLICA DEMOCRÁTICA, CIDADÃ E ANTIRRACISTA

CONTRACORRENTE

Benedito Mariano
Walfrido Warde
(Organizadores)

POR UMA SEGURANÇA PÚBLICA DEMOCRÁTICA, CIDADÃ E ANTIRRACISTA

Apresentação: Walfrido Warde, Benedito Mariano e Tarso Genro

SÃO PAULO

2022

CONTRACORRENTE

IREE

Alameda Itu, 852 | 1° andar |
CEP 01421 002
www.loja-editoracontracorrente.com.br
contato@editoracontracorrente.com.br

EDITORES
Camila Almeida Janela Valim
Gustavo Marinho de Carvalho
Rafael Valim
Walfrido Warde
Silvio Almeida

EQUIPE EDITORIAL
COORDENAÇÃO DE PROJETO: Juliana Daglio
PREPARAÇÃO DE TEXTO E REVISÃO: Amanda Dorth
REVISÃO TÉCNICA: Douglas Magalhães
DIAGRAMAÇÃO: Antonio Kehl
CAPA: Maikon Nery

EQUIPE DE APOIO
Fabiana Celli
Carla Vasconcelos
Fernando Pereira
Valéria Pucci
Regina Gomes
Nathalia Oliveira

Dados Internacionais de Catalogação na Publicação (CIP)
(Câmara Brasileira do Livro, SP, Brasil)

Por uma segurança pública democrática, cidadã e antirracista / organizadores Benedito Mariano, Walfrido Warde ; apresentação Walfrido Warde, Benedito Mariano, Tarso Genro. -- São Paulo, SP : Editora Contracorrente, 2022.

Bibliografia.
ISBN 978-65-5396-074-9

1. Antirracismo - Brasil 2. Brasil - Leis e legislação 3. Democracia - Brasil 4. Segurança pública - Brasil I. Mariano, Benedito. II. Warde, Walfrido. III. Genro, Tarso.

22-133397 CDU-34:351.78

Índices para catálogo sistemático:
1. Segurança pública : Direito 34:351.78
Eliete Marques da Silva - Bibliotecária - CRB-8/9380

@editoracontracorrente
Editora Contracorrente
@ContraEditora

SUMÁRIO

SOBRE OS ORGANIZADORES

BENEDITO MARIANO

Sociólogo, Mestre em Ciências Sociais pela PUC de São Paulo. Foi Ouvidor da Polícia de São Paulo por 07 anos (1995 a 2000 e 2018 a 2020). Atualmente é Secretário de Segurança Cidadã da Cidade de Diadema e Coordenador do Núcleo de Segurança na Democracia do IREE. Foi Diretor do Centro Santos Dias de Direots Humanos da Arquidiocese de São Paulo (1982 a 1995). É um dos fundadores do Movimento Nacional de Direitos Humanos. Foi Secretário de Segurança Urbana da Capital de São Paulo (2001 a 2004 e de outubro de 2015 a dezembro de 2016), Secretário da Administração da Prefeitura do Município de Osasco (2005 a 2008), Secretário de Segurança Urbana de São Bernardo do Campo (janeiro de 2009 a julho de 2015), Coordenador do Grupo de Trabalho de Segurança do Consórcio Intermunicipal do Grande ABC (2011 a 2014), Membro do Conselho Nacional de Segurança Pública (CONASP) do Ministério da Justiça (gestão 2010-2012), Coordenador do Programa "De Braços Abertos" da Prefeitura de São Paulo, na gestão Fernando Haddad, Consultor de Segurança Pública da Fundação Getúlio Vargas – 2008 e um dos coordenadores do Programa de Segurança Pública de Luiz Inácio Lula da Silva em 2002.

WALFRIDO WARDE

É Presidente do IREE. Sócio-fundador do Warde Advogados, com notória expertise em disputas societárias e mercado de capitais. Bacharel em Direito pela Faculdade de Direito da Universidade de São Paulo - USP e em Filosofia pela Faculdade de Filosofia, Letras e Ciências Humanas da USP. LLM pela New York University School of Law. Doutor em Direito Comercial pela Faculdade de Direito da USP, Pesquisador-bolsista no Max-Planck Institut für ausländisches und internationales Privatsrecht (Hamburgo), nos anos de 2004, 2005, 2007 e 2008. É Coautor do Anteprojeto de Lei n. 4.303/12 (Regime Especial das Sociedades Anônimas Simplificadas) e do Plano de Ação para o Salvamento do Projeto Nacional de Infraestrutura. Autor de mais de uma dezena de livros técnicos, com destaque para a obra *Direito Societário Aplicado* e o *best-seller O Espetáculo da Corrupção.*

SOBRE OS COAUTORES

BRUNO PAES MANSO

Jornalista, ganhador do Prêmio Jabuti com o livro *A República das Milícias – Dos esquadrões da morte à era Bolsonaro*. Autor do livro *A Guerra – Ascensão do PCC e o mundo do crime no Brasil*, escrito com Camila Nunes Dias. Formado em Economia (USP) e Jornalismo (PUC-SP), trabalhou por dez anos como repórter no jornal *O Estado de S. Paulo*. Também atuou na Revista *Veja*, *Folha da Tarde* e *Folha de S. Paulo*. É pesquisador do Núcleo de Estudos da Violência da USP. Concluiu o mestrado e doutorado no departamento de ciências políticas da Universidade de São Paulo, onde pesquisou o crescimento e a queda dos homicídios em São Paulo. É autor do livro *O Homem X – Uma reportagem sobre a alma do assassino em SP*, que ganhou o Prêmio Vladimir Herzog de melhor livro reportagem de 2006.

CRISTINA GROSS VILLANOVA

Advogada, Mestra em Segurança Cidadã (UFRGS) e coordenadora do Comitê Estadual Contra Tortura/RS. Atuou como consultora em audiência de custódia no RS junto ao CNJ/PNUD/UNODC (2019-2020); superintendente de valorização profissional junto a SESEG/RJ; Coordenadora Geral e Diretora da Senasp/MJ; e Assessora na Comissão de Cidadania e Direitos Humanos da AL/RS.

DANIEL CERQUEIRA

Doutor em Economia. Diretor-Presidente do Instituto Jones dos Santos Neves (IJSN), conselheiro do Fórum Brasileiro de Segurança Pública (FBSP), coordenador do Atlas da Violência e professor do Programa de Pós-graduação em Segurança Pública da Universidade Vila Velha (PPGSEG-UVV) e o Mestrado Profissional em Economia da Universidade de Brasília (PPGECO-UnB).

FELIPE DA SILVA FREITAS

Doutor em Direito, Estado e Constituição pela Universidade de Brasília, professor do Instituto Brasileiro de Ensino, Desenvolvimento e Pesquisa (IDP) e diretor da Plataforma Justa.

GERALDO ALCKMIN

Médico anestesista, foi Vereador e Prefeito em Pindamonhangaba (SP), sua cidade natal. Depois, elegeu-se Deputado Estadual, Federal, Vice-Governador e Governador de São Paulo, cargo que ocupou ao longo de quatro mandatos, pelo PSDB. Foi candidato a Presidente em 2006 e 2018. Filiou-se ao PSB em março de 2022. É Vice-Presidente da República eleito, na chapa com Luiz Inácio Lula da Silva (PT), eleito Presidente da República em 2022.

JOSÉ DE FILIPPI JÚNIOR

Prefeito em quatro mandatos em Diadema. Formado em Engenharia Civil pela USP (Universidade de São Paulo) e pós-graduado em Gestão Urbana pela Harvard Graduate School of Design, University Harvard, Cambridge, nos Estados Unidos, Filippi foi secretário de Obras em Diadema antes de se eleger prefeito pela primeira vez, em 1992. Voltou a administrar Diadema de 2001 a 2004 e de 2005 a 2008. Em 2020, novamente se elegeu prefeito do município, tornando-se tornando recordista em mandatos no ABCD Paulista. Ele também foi deputado estadual e deputado federal, Presidente do Consórcio Intermunicipal do Grande ABC, Presidente da Comissão de Precatórios da Frente Nacional de Prefeitos de 2005 a 2009 e secretário de Saúde da cidade de São Paulo na gestão de Fernando Haddad.

LIGIA MARIA DAHER GONÇALVES

Formada em Direito e em Psicologia. Mestra em Ciência Política pela USP e Especialista em Gestão Pública pela UFABC. Foi Diretora de Políticas Preventivas da Secretaria de Segurança Urbana de São Bernardo do Campo de 2009 a 2016. Coordenou a Assessoria Jurídica da Ouvidoria da Polícia do Estado de São Paulo. Foi consultora do PNUD para o PRONASCI-MJ.

LUCIANO ANTÔNIO DA SILVA

Coronel da Reserva da Polícia Militar de Alagoas (PMAL). Foi Comandante-Geral da PMAL entre 2011 e 2012.

LUIZ EDUARDO SOARES

Escritor, antropólogo, cientista político e pós-doutor em Filosofia Política. É professor visitante da UFRJ, professor aposentado da UERJ e ex-professor do IUPERJ e da UNICAMP. Foi visiting scholar nas Universidades Harvard, Columbia, Virginia e Pittsburgh. Publicou 20 livros, dos quais os mais recentes são *Desmilitarizar: Segurança Pública e direitos humanos* (Boitempo, 2019), *O Brasil e seu Duplo* (Todavia, 2019) e *Dentro da noite feroz: o fascismo no Brasil* (Boitempo, 2020). Foi Secretário Nacional de Segurança Pública, Sub-Secretário de Segurança Pública e Coordenador de Segurança, Justiça e Cidadania do Estado do Rio de Janeiro, além de Secretário Municipal de Prevenção da Violência em Porto Alegre e Nova Iguaçu.

MARIA NYSA

Delegada de Polícia da Polícia Civil do Estado do Paraná. Especialista em Direito Constitucional com ênfase em Direitos Humanos.

MÁRIO SARRUBBO

Procurador-geral de Justiça do Estado de São Paulo. Ingressou no MPSP em 1989, tendo ocupado diversos cargos relevantes na instituição. Dentre eles, o de subprocurador-geral de Justiça de Políticos Criminais, o de membro do Órgão Especial do Colégio de Procuradores e também o de integrante do Conselho Superior do Ministério Público. Professor de Direito Penal na FAAP, lecionou na Escola Superior do MPSP e na Escola Superior de Advocacia paulista. Além disso, foi diretor da Associação Paulista do Ministério Público (APMP) e dirigiu o Centro de Estudos e Aperfeiçoamento Funcional da Escola Superior do MPSP, bem como presidiu o Colégio de Diretores de Escolas de Ministérios Públicos Brasileiros.

NAGASHI FURUKAWA

Advogado. Foi Delegado de Polícia, Promotor de Justiça e Juiz de Direito. Dirigiu o Departamento Penitenciário Nacional do Ministério da Justiça e foi Secretário da Administração Penitenciária do Estado de São Paulo. Presidiu o Conselho do ILANUD – Instituto Latino--Americano das Nações Unidas para Prevenção da Delinquência.

ROBERTO JOSÉ DA SILVA

Policial Civil da Polícia Civil da Bahia. Graduado em Geografia e Especialista em Planejamento de Cidades pela Universidade Estadual de Santa Cruz (UESC); é Bacharel em Direito. Mestre em Geografia. Pós-graduando em Gestão Pública Municipal pela UESB – Universidade Estadual do Sudoeste da Bahia. Membro do Fórum Brasileiro de Segurança Pública. Foi Secretário de Transporte e Trânsito de

Itabuna em 2015; atualmente é Subsecretário de Transporte e Trânsito do Município de Itabuna. Atua também como consultor em meio ambiente, gestão de espaço público, territorialidades e violência, cultura e cidadania. Criou e executou o Programa Cidade De Paz de Itabuna com ações de prevenção primária a violência.

SAMIRA BUENO

Diretora-executiva do Fórum Brasileiro de Segurança Pública. Doutora em Administração Pública e Governo pela Escola de Administração de Empresas da Fundação Getulio Vargas (FGV-EAESP) com estágio doutoral no Centre of Latin American Studies da Universidade de Cambridge. Graduada em Ciências Sociais pela Universidade de São Paulo e Mestre em Administração Pública e Governo pela FGV-EAESP.

TAMIRES GOMES SAMPAIO

Advogada, Mestra em Direito Político e Econômico pela Universidade Presbiteriana Mackenzie e ex Secretária Adjunta de Segurança Cidadã em Diadema. Autora do livro *Código Oculto: política criminal, processo de racialização e obstáculos à cidadania da população negra no Brasil*, publicado pela Editora Contracorrente.

TARSO GENRO

Presidente de Honra do Núcleo de Segurança Pública na Democracia do IREE, advogado, ensaísta. Autor de livros de Teoria Política e Teoria do Direito. Doutor *Honoris Causa* da Universidade Federal de Pelotas. Foi governador do Estado do Rio Grande do Sul e Ministro da Justiça, da Educação e das Relações Institucionais.

VLADIMIR DE PAULA BRITO

Doutor em Ciência da Informação com pesquisas em Operações de Inteligência e Desinformação e compõe o conselho curador da Fundação Perseu Abramo. Possui graduação em Biblioteconomia pela Universidade Federal de Minas Gerais (1997). Especializou-se em Sistemas de Banco de Dados e posteriormente em Inteligência Competitiva e Inteligência de Estado e Segurança. Concluiu o mestrado estudando "o papel informacional dos serviços secretos". Possui doutorado em Ciência da Informação pela UFMG (2015), estudando desinformação, decepção e operações psicológicas, temas estes inerentes as práticas dos serviços de inteligência estatais. É Agente de Polícia Federal, onde trabalhou por diversos anos em operações de inteligência para o combate a organizações criminosas.

YURI SILVA

Coordenador do IREE Direitos Humanos e coordenador nacional do Coletivo de Entidades Negras (CEN). Graduado em Jornalismo e ativista antirracista, LGBTQIA+ e das pautas dos Direitos Humanos. Coordenou e atuou na equipe técnica de projetos de organizações da sociedade civil financiados pelo Governo da Bahia e pelo Governo Federal para promoção dos direitos da população negra, de empreendedores negros e de comunidades tradicionais de terreiros de candomblé e de quilombos.

APRESENTAÇÃO

A Segurança Pública é um dos setores mais importantes e sensíveis do Estado brasileiro e representa, nas últimas décadas, uma das principais preocupações da sociedade brasileira.

Estruturado no período do Brasil Império, o setor sofreu poucas mudanças com o advento da República. Temos um sistema de Segurança Pública com estruturas e culturas policiais que foram criadas no século XIX, e que o período republicano não deu conta de alterar, pelo contrário, o modelo foi reforçado nos períodos autoritários da República.

O Instituto do Inquérito Policial é datado de 1871, quando houve reforma Judiciária do Império. O policiamento ostensivo historicamente é feito por instituições de caráter militar, com exceção nos períodos em que existiam as guardas civis estaduais.

Temos uma tradição de Polícias Estaduais que não realizam o chamado ciclo completo da atividade policial, que se materializa pela natureza investigativa e de policiamento ostensivo. Em praticamente todo mundo, as polícias realizam as duas naturezas de policiamento. No Brasil, em especial nos estados e no Distrito Federal, a atividade policial é dividida em instituições: Polícia Civil e Polícia Militar, que representam cerca de 90% do efetivo policial do país. Este modelo, de polícias de ciclo incompleto, só está presente no Cabo Verde, Serra Leoa, Guiné Bissau e na Turquia.

É imperativo dizer que as estruturas e relações sociais criadas no Brasil têm como base os mais de 350 anos de escravidão e que os negros libertos, após a tardia abolição, foram colocados à margem da sociedade porque para trabalhar no campo vieram trabalhadores assalariados europeus.

Foi criado no país o estereótipo perverso de que o negro é sinônimo de marginal. Os dados da violência policial letal indicam que, infelizmente, o racismo estrutural está presente nas nossas instituições policiais no século XXI. Nossas polícias carregam um preconceito histórico contra pobres e negros. A cultura do "capitão do mato" ainda está presente no país, está presente independentemente da coloração política dos governantes. Vejamos: na Bahia, 97% dos mortos pela polícia são negros, e a população negra no estado é de 76,5%. No Rio de Janeiro, 86% dos mortos pela polícia são negros, e a população negra no estado é de 51%. Em São Paulo, 65% dos mortos pela polícia são negros, e a população negra no estado é de 35%. No estado do Ceará, 87% dos mortos pela polícia são negros, e a população negra no estado é de 67%. Em Pernambuco, 93% dos mortos pela polícia são negros, e a população negra no estado é de 62% (*dados de dezembro de 2020 da Rede de Observatórios de Segurança do RJ*).

Os governos que defendem a democracia não podem continuar se omitindo diante dos dados da violência sistemática contra a população negra, em especial contra a juventude negra. O Estado Democrático de Direito também é medido pelo perfil das suas instituições policiais e pelo sistema de Segurança Pública.

Mas, para estabelecer um amplo debate que vise reformas estruturais no sistema de Segurança Pública, na perspectiva de construir uma polícia democrática, cidadã e antirracista, temos necessariamente que incluir os profissionais de Segurança Pública neste debate. As bases de nossas polícias são muito mal pagas. O suicídio policial é a primeira causa morte de policiais civis de São Paulo e a segunda de policiais militares. Nenhum estado federado garante programa de saúde mental aos seus policiais do início ao fim da carreira. Muitos estados sequer têm um programa paliativo.

Uma polícia democrática, cidadã e antirracista passa por estabelecer reformas estruturais e culturais no sistema de Segurança Pública. Portanto, é fundamental o envolvimento de amplos setores da sociedade civil, de governadores, do Congresso Nacional e da imprensa comprometida com a democracia.

É para contribuir com este debate plural e democrático que o IREE – Instituto para Reforma das Relações entre Estado e Empresa, por meio do **Núcleo de Segurança Pública na Democracia**, apresenta à sociedade brasileira este livro, composto de duas partes.

A primeira parte traz artigos de especialistas, acadêmicos, ativistas, intelectuais e gestores da Segurança Pública que apresentaram, nos vários *webinares* promovidos pelo Núcleo, vários temas relacionados à necessidade de construirmos, a curto, médio e longo prazos, um novo modelo de Segurança Pública no Brasil. Foram abordados nos *webinares* os seguintes temas:

1. Caminhos para uma Segurança Pública Democrática
2. Análise do Sistema Prisional brasileiro
3. Ciclo incompleto da atividade policial: herança do século XIX
4. Por uma polícia antirracista
5. O Brasil precisa de um Ministério da Segurança Pública?
6. Enfrentamento às Organizações Criminosas
7. O papel do município na segurança cidadã
8. A prevenção da violência como Política de Segurança Pública
9. A cultura oligárquica da Justiça Criminal brasileira

10. O controle externo da atividade policial: avanços e dificuldades

11. Dados da violência no Brasil: como enfrentá-los

Todos e todas os(as) convidados(as) que abordaram estes temas, que indicam a complexidade e abrangência do debate da Segurança Pública, são **COAUTORES** desta obra. A todos e todas, nossa eterna gratidão.

Além dos artigos apresentados neste livro, tivemos a participação de Camila Dias, Doutora em Sociologia e professora associada da Universidade Federal do ABC, no *webinar* sobre **Análise do Sistema Prisional Brasileiro**, e de Kenarik Boujikian, Desembargadora aposentada do Tribunal de Justiça de São Paulo, no evento sobre **A cultura oligárquica da Justiça Criminal brasileira.** Todas as apresentações estão disponíveis e podem ser acessadas no canal do Youtube do IREETV.

A segunda parte deste livro traz as Diretrizes Gerais do IREE **"Para uma Segurança Pública Democrática, Cidadã e Antirracista"**, elaboradas pelo Núcleo de Segurança Pública na Democracia.

Nestas Diretrizes, lançadas em março de 2022, são apresentadas sugestões de mudanças Constitucionais, Infraconstitucionais e Culturais, que visam induzir, suscitar e contribuir, com um amplo debate nacional, plural e democrático, sobre a necessidade de reformas estruturais no sistema de Segurança Pública, na perspectiva de construção gradual, de um novo sistema de Segurança Pública no país.

Infelizmente, a transição democrática no Brasil não estabeleceu um sistema de Segurança Pública Democrático, Cidadão e Antirracista, apesar de alguns avanços como as leis que instituíram o Programa Nacional de Segurança Pública com Cidadania (PRONASCI) e a que criou o Sistema Único de Segurança Pública (SUSP). Em todo o período republicano, tivemos apenas uma Conferência Nacional sobre Segurança Pública.

Nossa expectativa é que esta obra contribua para o fortalecimento da democracia, do Estado Democrático de Direito e para uma cultura de paz.

WALFRIDO WARDE
Presidente do IREE

TARSO GENRO
Presidente de Honra do Núcleo de
Segurança Pública na Democracia do IREE

BENEDITO MARIANO
Coordenador do Núcleo de Segurança
Pública na Democracia do IREE

PARTE I

ARTIGOS

CAPÍTULO I

CAMINHOS PARA UMA SEGURANÇA PÚBLICA DEMOCRÁTICA

Não haverá caminhos para uma sociedade livre e justa, se a Segurança Pública não estiver no centro político da recuperação das utopias.

TARSO GENRO

Governar um país destruído nas suas dimensões morais, econômicas e institucionais, que foi entregue por eleições livres dentro do sistema democrático liberal, a um grupo de delinquentes e sociopatas perversos – apoiados pelas "classes ricas" – é duríssimo. Reviver um país que esteve em vias de eliminar a fome e a pobreza endêmicas, que assumiu um protagonismo internacional e foi trazido à lama pela demência do seu próprio governo, é uma tarefa ciclópica: as urgências comuns aos países de grandes desigualdades e com renda concentrada tornar-se-ão ainda mais intensas. As demandas mais urgentes e as chantagens das bancadas menos republicanas, mais rasteiras e radicalizadas, passarão a se expressar mais, em cena aberta, com as velhas características do patrimonialismo nacional, cujas raízes repousam no nosso escravismo colonial.

Os tempos, as angústias, as depressões, as necessidades das pessoas singulares e dos grupos sociais mais vulneráveis, tornarão mais intensos e curtos os tempos de resposta. A confiança política depositada com o voto vai se esvair rapidamente e a insegurança, que já deixou de ser um fator marginal da vida comum (para se tornar padrão de uma sociedade que não tem "consciência de orientação") ficará mais desordenada, pois as pessoas de novo não saberão de onde vem o próximo golpe: de uma catástrofe sanitária ou de um desequilíbrio climático, de uma onda de desemprego ou de um trânsito cada vez mais desordenado nas grandes metrópoles; de uma redução de direitos na ordem pública ou de uma violência singular – originária de criminosos que dominam vastas zonas periféricas – ou ainda, de um golpe na poupança, proveniente do mercado financeiro?

Penso que a "insegurança pública" se tornou a questão mais central da política, a partir da ruptura do equilíbrio socialdemocrata no mundo, no qual a solidez das ditaduras nos 1970 – com sociedades mais desiguais e menos consensuais – se combinaram com as crises financeiras mundiais, enfraquecendo os Estados perante a força do dinheiro, circulando sem lastro e sem rumo previsível. A insegurança pública interna, generalizada, passou a ser um momento cada vez mais recorrente no planeta, já que os consensos, oriundos do pacto do pós-guerra, começaram a fraquejar: a social-democracia sem fundos (e já sem os excedentes coloniais) deixava de ser promessa e o sistema soviético adernava. Os bancos centrais, para reformar o sistema "pelo alto", passaram a ditar as políticas públicas globais de "austericídio" e a insegurança, em todas as dimensões, se esvaiu no ralo terceirizado da ordem global em crise.

As questões concretas de "Segurança Pública" – os crimes do Direito Penal clássico da modernidade – neste ambiente tornam-se, não só integrantes de um "modo de vida" sem orientação, mas também receberam impulsos extras para fundir – pela circulação sorrateira do dinheiro bilionário do mercado das drogas – o crime organizado como Estado, instituindo uma vida paralela de privilégios absorvidos com naturalidade pelas classes ricas. Os crimes comuns, todavia, se tornam cada vez mais violentos e com mais "*glamour*" e os marginais passaram a exibir os seus heróis de barro, em ambientes políticos "livres" de qualquer repressão, com as suas mensagens de poder cada vez mais refinadas. O modo de vida inseguro criou, então, as suas próprias leis de resistência e, dentro delas – como "leis" não escritas – a possibilidade de responder à insegurança generalizada com a criminalização das instâncias da política e a perversão do Direito.

O extremismo de direita, apoiado em parte nas classes dominantes locais, foi a "rede" orgânica dos grupos políticos de "vanguarda" que mais aproveitou para crescer e dar respostas, através da defesa da política do justiçamento direto, de um lado e, de outro, do "armamentismo" – particularmente aproveitável pelas classes médias (porque a marginalidade perigosa está armada há muito tempo, ilegalmente) – para a defesa imediata dos pequenos patrimônios, das residências e para uma circulação protegida nos lugares mais despoliciados das regiões metropolitanas. Entendo que a política de Segurança Pública de um governo progressista, que não compreende este fenômeno, partindo para uma política de Segurança Pública dentro dos moldes tradicionais, que não pense em medidas imediatas que permitam ao Estado Social recuperar o diálogo com as corporações militares e policiais do país vai enxugar gelo, ou será absorvida e "modelada" pelo sistema, cuja teleologia é a segurança "sem direitos humanos". Segundo esta visão protofascista, a fala dos "direitos humanos" é apenas a fala dos direitos humanos dos criminosos.

Este diálogo custará caro, é preciso dizer, mas pequenas meias medidas de um novo governo progressista não adiantarão absolutamente nada, porque dado o avanço da criminalidade miliciana, do tráfico de drogas, de crimes inclusive políticos – impunes –, do aumento da miséria e da degeneração da "face humana" do Estado de Direito (patrocinada pelo próprio Presidente) já criaram uma base social que apoia as políticas atuais de chacina dos pobres e, igualmente, já gerou "motivações" defensivas de apoio à situação atual – dentro das corporações – igualmente assediadas diuturnamente pela violência criminosa. Falo aqui, não de um plano estratégico de reformas, sobre o qual já existem acordos maduros, dentro e fora dos partidos democráticos e da inteligência acadêmica, mas da gestão e da imediata aplicação de "primeiras medidas" de governo, avenida por dentro da qual deverão trafegar as reformas estratégicas da Segurança Pública, que tem nexos com a reforma democrática do Estado, sua modernização técnica e tecnológica e suas engenharias políticas de participação cidadã.

Falo numa avenida povoada de decisões federativas, tais como um megaplano de formação aos policiais regado a estímulos financeiros (bolsa formação); um vasto plano de saúde mental para os policiais e suas famílias; um plano integrado pelos entes da Federação, para a semeadura de unidades de policiamento de proximidade; de cursos de formação profissional – remunerados minimamente – para os jovens policiais estudarem; em planos habitacionais destinados a policiais de baixa renda e um "seguro família" elevado, destinado às famílias de policiais assassinados em serviço; falo em obrigatoriedade de aprimoramento institucional e tecnológico das Corregedorias; falo em complementação – pela União – de recursos destinados às Guardas municipais, para a sua integração plena nas políticas de segurança e a sua integração nas políticas sociais, no âmbito dos municípios.

Estas, são algumas – entre outras questões – que não dependem de demoradas e "custosas" (ultra necessárias) reformas constitucionais ou legais, cujos efeitos positivos na vida das pessoas são sempre de médio e longo prazo. Precisamos, não de "reviver" o Pronasci – cuja formulação foi adequada ao momento de ascenso democrático que vivemos no segundo governo do Presidente Lula – mas de recuperar o seu "espírito essencial", de transversalidade institucional e federativa, considerando que a distopia venceu. E que não haverá caminhos para uma sociedade livre e justa, se a Segurança Pública não estiver no centro político da recuperação das utopias. O tempo será curto, mas tais políticas poderão ser um aval de estabilidade para uma nova fase do contrato social do Estado Social brasileiro, ora em destruição pelos delírios extremistas, que poderão também serem legitimados pela impotência das esquerdas.

CAPÍTULO II

CAMINHOS PARA UMA SEGURANÇA PÚBLICA DEMOCRÁTICA

A análise da democratização das polícias passa pela acentuação da aplicação de direitos humanos em cada atividade das forças de Segurança Pública.

MARIA NYSA

A busca pela harmonização do exercício democrático do Estado Democrático de Direito e a atuação das forças de Segurança Pública são imposições para a efetivação de um projeto civilizatório e de nação.

Esse paradigma principiológico já vem sendo debatido em sede do Movimento Policiais Antifascismo.[1] A ênfase de direitos humanos nos trabalhos policiais deve ser considerada um veículo da democratização das polícias: a análise da democratização das polícias passa pela acentuação da aplicação de direitos humanos em cada atividade das forças de Segurança Pública.

---

1 Movimento Policiais Antifascismo é movimento político suprapartidário que envolve servidores da área de Segurança Pública no Brasil, já formados em forma de coletivos em vários estados do Brasil. É baseado em carta de princípios que tratam sobre temas como desmilitarização, carreira única, ciclo completo, reformulação da guerra às drogas, fim do genocídio da população negra, pobre e periférica.

Durante o período de atuação do Conselho Permanente de Direitos Humanos – entre os anos de 2018 e 2021 – tive a oportunidade de tomar conhecimento da violência que policiais sofrem em seus ambientes de trabalho repercutindo em problemas de ordem mental e emocional, além das denúncias de abuso e violência policial em desfavor de cidadãos.

Como devemos ou podemos ver o tema direitos humanos, então? Proponho ser visto em duas faces, para dentro e para fora das instituições policiais:

a) Para dentro seria a vivência de direitos humanos do servidor policial. Há uma visão parcial de que policiais são refratários à discussão de direitos humanos. Em que pese haver uma certa impermeabilidade no meio sobre o alcance de direitos humanos, e quem seriam os beneficiários, é importante, a quem está fora das instituições, analisar o que vive um policial na sua realidade. Destaca-se que o processo de militarização das forças policiais (não falo apenas da existência da Polícia Militar) muitas vezes implica na insensibilização do servidor policial que não terá condições de vivenciar para si o que são direitos humanos, pois o método de insensibilização alcança a violência que o servidor policial vê e a que ele próprio sofre. O servidor das forças policiais precisa suportar condições de trabalho desfavoráveis, como se fosse um super-herói, suportar humilhações, afronta à dignidade pessoal ou de seus pares e, em paralelo, convive com debates sociais mal direcionados nos quais o servidor policial é levado a acreditar que a discussão de direitos humanos beneficia a quem comete crime, que são as pessoas que o policial precisa prender ou combater. A mentalidade policial acaba sendo formatada para trabalhar o Direito Penal do inimigo, afastando-se da máxima "servir e proteger". A discussão sobre direitos humanos acaba se tornando mais difícil face a essa combinação de fatores.

Ainda na face interna do debate, observa-se que a militarização das policiais restringe o exercício dos direitos laborais através da proibição de greve, por exemplo. policiais militares não podem fazer greve. Até recente período, policiais civis podiam fazer greve, mas fomos equiparados a policiais militares,[2] resultando em perda de negociação reivindicatória. A militarização joga os policiais para uma condição de subcidadania e esta condição redunda no mesmo: falta de direitos humanos laborais[3] para a classe de trabalhadoras e trabalhadores das forças de Segurança Pública. E sem poder fazer greve, sem poder reivindicar direitos como as demais classes trabalhadoras, ainda se destaca o fato consequente de que policiais têm dificuldade de se reconhecerem como classe trabalhadora e acaba por gerar mais afastamento de policiais em relação à sociedade em sua dinâmica social com potencial revolucionário ou mesmo, num sentido mais modesto, potencial de reforma e aprimoramento

---

2 STF. Plenário. ARE 654432/GO, Rel. Orig. Min. Edson Fachin, red. P/ o ac. Min. Alexandre de Moraes, julgado em 5/4/2017 (repercussão geral) (Info 860).

3 Artigo 23

1. Todo ser humano tem direito ao trabalho, à livre escolha de emprego, a condições justas e favoráveis de trabalho e à proteção contra o desemprego.

2. Todo ser humano, sem qualquer distinção, tem direito a igual remuneração por igual trabalho.

3. Todo ser humano que trabalha tem direito a uma remuneração justa e satisfatória que lhe assegure, assim como à sua família, uma existência compatível com a dignidade humana e a que se acrescentarão, se necessário, outros meios de proteção social.

4. Todo ser humano tem direito a organizar sindicatos e a neles ingressar para proteção de seus interesses.

Artigo 24

Todo ser humano tem direito a repouso e lazer, inclusive a limitação razoável das horas de trabalho e a férias remuneradas periódicas.

Artigo 25

1. Todo ser humano tem direito a um padrão de vida capaz de assegurar a si e à sua família saúde, bem-estar, inclusive alimentação, vestuário, habitação, cuidados médicos e os serviços sociais indispensáveis e direito à segurança em caso de desemprego, doença invalidez, viuvez, velhice ou outros casos de perda dos meios de subsistência em circunstâncias fora de seu controle.

de rotinas. Mais um fator que concorre para tornar "normal" ou "aceitável" a repressão policial sobre a outras classes trabalhadoras do serviço particular ou mesmo público.[4]

b) Para fora das instituições policiais os direitos humanos são o instrumento das garantias cidadãs. No entanto, a falha de aplicação de direitos humanos "para dentro" prejudica o exercício da aplicação "para fora". Ouvindo um triste relato de pai de vítima de violência policial, o perfil que o policial envolvido no assassinato do jovem apresentava em redes sociais afirmava que apenas policiais deveriam ser valorizados na sociedade e as demais pessoas seriam cidadãos de segunda classe. Ou seja, o policial estava numa condição de subcidadania, tornado uma pessoa insensível, subverteu a visão de respeito a seus pares na sociedade: é alheio ao conceito de direitos humanos.

O policial como servidor público tem a obrigação de respeitar a todas as pessoas da sociedade e este é o ponto crucial do problema: se não existe o exercício dos direitos humanos para o policial, não há vivência assimilada de direitos humanos para e nos servidores da Segurança Pública. Além de um comportamento polido, apreender o exercício e princípios de direitos humanos se torna um desafio na rotina de policiamento, dependendo exclusivamente da boa vontade pessoal de cada servidor quando deveria ser responsabilidade do Estado criar a ambiência e contexto garantistas.

Aliados a todos esses problemas padecemos com primitivas rotinas investigativas e uma completa ineficiência do modelo de Segurança Pública brasileira, apesar da existência dos princípios previstos nos artigos 4°, II (prevalência dos direitos humanos) e 37, *caput* (legalidade, impessoalidade, moralidade, publicidade e

---

4 Massacre de professores no dia 29 de abril de 2015, Centro Cívico, Curitiba, Paraná: CALDAS, Ana Carolina. "29 de abril de 2015: Massacre contra professores no Paraná é relembrado com protesto". *Brasil de Fato*, 29 abr. 2021. Disponível em: https://www.brasildefatopr.com.br/2021/04/29/29-de-abril-de-2015-massacre-contra-professores-no-parana-e-relembrado-com-protesto. Acessado em: 27.10.2022.

eficiência) ambos da Constituição Federal de 1988. Frisamos que o lema "servir e proteger" está diretamente implicado com a incidência de direitos humanos.

A noção de relações de cidadania associadas a uma investigação criminal e relacionadas à Segurança Pública demandam uma boa investigação e a eficiência do resultado dos procedimentos formais de investigação, inquérito policial no caso brasileiro. No entanto, sem o aprimoramento da investigação e sem a sensibilização do servidor policial em direitos humanos, "servir e proteger" será intangível. Destaque-se que o nosso sistema jurídico processual como atualmente é praticado ideologicamente não permite a excelência do atendimento policial, nem tão pouco a sensibilização do servidor policial.

Grave também que, dado ao tema Segurança Pública se tornar atraente para discussões, temos um disparate entre policiamento ostensivo e a polícia investigativa e científica. As polícias de carácter investigativo estão sobrecarregadas. Ainda que haja aprimoramento tecnológico com filmagens, rastreamento de celulares, monitoramentos, análises de material genético, arquivos etc., nenhum desses aparatos funciona bem desprovido de recursos humanos e, principalmente, sem os servidores capacitados para manejar todas essas funcionalidades.

Em suma: há uma problematização que parte de dentro das polícias ao mesmo tempo em que parece não haver perspectiva para a solução, debate ou autocrítica no interior das mesmas. Retomando, portanto, o ideário do movimento de policiais antifascismo, a proposta é abrir um debate que não seja apenas de policiais para policiais, mas que haja uma pluralidade de debatedores e de interfaces uma vez que Segurança Pública se relaciona com diversos outros temas. Já não é mais aceitável discutir Segurança Pública como um fim em si. É devida a análise da Segurança Pública com imbricação desta sobre incontáveis áreas de trabalho, tomando-se como recorte exemplificativo: Segurança Pública em contato e repercussão com: Sociologia, Direitos Sociais, Psicologia, Feminismo, Direitos Identitários ou Direito Ambiental.

Mais dois aspectos de suma importância para a democratização da Segurança Pública: enfrentar o uso político das forças de segurança a partir da crítica do discurso demagógico e o uso extremo das forças de segurança para a repressão de pessoas contrárias a determinados agentes de Poder. Lembrando que a violência repressiva não acontece apenas em ações de truculência, mas também institucionalmente, em reforço do *lawfare*, tendo como exemplo recente a perseguição política sofrida pelo ex-Presidente Luiz Inácio Lula da Silva. Passa-se por fases de investigação calculadamente atropelada e desenvolvida em compósito com Ministério Público e Poder Judiciário para um objetivo específico de afrontar direitos e garantias.

A constatação do uso distorcido das atividades investigativas como o acima relembrado impressiona por destacar o quanto os princípios constitucionais e processuais são deturpados e desrespeitados. Como se chegou a esse ponto? E ainda, que a partir desses desrespeitos toda a ilegalidade se torna possível, "aceitável", conforme o interesse de quem detenha o poder de mando. Devemos repensar em como fazer os princípios serem respeitados, estudar formas de limitar a discricionariedade dos agentes policiais, membros do Ministério Público, Poder Judiciário e também dos agentes políticos. A discricionariedade, prevista em lei, não pode se transformar em arbitrariedade. Nota-se, infelizmente, que os limites legais da discricionariedade estão ampliados em função dos contínuos desrespeitos ao texto de lei, aos princípios constitucionais.

O repensar as forças de Segurança Pública deve ser profundo e amplo pois não se enfrentam desrespeitos aos direitos humanos sem crítica absoluta. Lembramos que a crítica transcende a atuação policial a qual tem, *pari passu*, o controle externo da atividade policial, realizado pelo Ministério Público, ou ao menos é previsto que ocorra a despeito de, em muitos casos, ser falha ou promíscua.

Para debate, propomos mecanismos para ações de democratização das forças de Segurança Pública "para dentro", tais como: valorização do policial em sua atividade e exercício laboral e como indivíduo que é face do Estado; combate ao racismo, machismo e misoginia que permeiam o ambiente das foças policiais, ainda ambientes mais masculinos que femininos; combate ao *lawfare* e aparelhamento das polícias para esse fim; distanciamento da atuação das corregedorias em relação às instituições policiais, pois atualmente quem processa e julga ainda está em função policial, podendo retornar às atividades de Polícia Judiciária o que pode afetar a idoneidade do resultado dos procedimentos.

Devemos ainda repensar as forças de segurança e que essa reformulação se trata de proposta de aprimoramento. Até o momento não existe sociedade que considere estruturar respeito aos direitos humanos e garantia de direitos sem a presença de Forças de Segurança.

Finalmente a proposta que sugere a democratização "para fora": levar ao conhecimento das juventudes periféricas o que é a polícia nos termos de atuação do Estado e como esta deve agir na diversidade de atendimentos; criar condições de inserção de jovens periféricos, pretas e pretos, dos povos originários e demais categorias mais reprimidas, nas forças de Segurança Pública e em condições de se desenvolverem nas funções até ascenderem a postos de comando, proposta esta no contexto de carreira única. A valorização do servidor policial passa pela carreira única e a democratização das polícias, com espelhamento da sociedade dentro do exercício democrático, incidência absoluta dos direitos humanos e princípios constitucionais são o caminho para a evolução civilizatória da sociedade brasileira.

Referências bibliográficas

CALDAS, Ana Carolina. "29 de abril de 2015: Massacre contra professores no Paraná é relembrado com protesto". *Brasil de Fato*, 29 abr. 2021. Disponível em: https://www.brasildefatopr.com.br/2021/04/29/29-de-abril-de-2015-massacre-contra-professores-no-parana-e-relembrado-com-protesto. Acessado em: 27.10.2022.

CAPÍTULO III

CAMINHOS PARA UMA SEGURANÇA PÚBLICA DEMOCRÁTICA

A sociedade brasileira clama por caminhos para uma Segurança Pública democrática, comunitária, de aproximação, de solução de conflitos e participativa.

LUCIANO ANTÔNIO DA SILVA

"Caminho", segundo os dicionaristas brasileiros, é uma faixa de terreno por onde se transita, via de comunicação, estrada, vereda, senda, trilha.

A Segurança Pública é conceituada no Manual Básico de Policiamento Ostensivo (MBPO), documento fundamental na formação de qualquer policial no Brasil, como a garantia que o Estado – União, Unidades Federativas e Municípios – proporciona à nação, a fim de assegurar a Ordem Pública, contra violações de toda espécie, que não contenham conotação ideológica.

Democracia é um tipo de regime de governo em que o povo exerce a soberania, sociedade livre em que prepondera a influência da maioria.

Nesta mesma senda, nação é um território ou conjunto de habitantes de um país, pessoas ligadas por território, origem, língua, interesses, sentimentos, tradições e aspirações comuns.

Ordem Pública, no entanto, e ainda no mesmo Manual Básico de Policiamento Ostensivo (MBPO), é o conjunto de regras formais, coativas, que emanam do ordenamento jurídico da nação, tendo como escopo regular as relações sociais em todos os níveis e estabelecer um clima de convivência harmoniosa e pacífica. Constituindo, assim, uma situação ou condição que conduz ao bem comum.

A Constituição Federal Democrática de 1988 descortinou para a Segurança Pública no Brasil um novo conceito, um novo caminho e novos paradigmas, tendo como base o espírito democrático inserto na nossa Carta Maior.

O preâmbulo da Constituição Federal de 1988 já cita o termo **SEGURANÇA**, como pode ser verificado ao dizer que:

> Nós, representantes do povo brasileiro, reunidos em Assembleia Nacional Constituinte para instituir um Estado Democrático, destinado a assegurar o exercício dos direitos sociais e individuais, a liberdade, ***A SEGURANÇA*** (grifo nosso), o bem-estar, o desenvolvimento, a igualdade e a justiça como valores supremos de uma sociedade fraterna, pluralista e sem preconceitos, fundada na harmonia social e comprometida, na ordem interna e internacional, com a solução pacífica de suas controvérsias.

Percorrendo, ainda, a vereda democrática da nossa juvenil Constituição, na parte dedicada aos Direitos e Garantias Fundamentais, no Capítulo destinado aos Direitos e Deveres Individuais e Coletivos e perscrutando o *caput* do artigo 5º, os Constituintes Originários, sabiamente, lá incrustaram:

> Todos são iguais perante a lei, sem distinção de qualquer natureza, garantindo-se aos brasileiros e aos estrangeiros residentes no País a inviolabilidade do direito à vida, à liberdade, à igualdade, à ***SEGURANÇA*** (grifo nosso) e à propriedade...

Na mesma faixa constitucional, no Capítulo dos Direitos Sociais, em seu artigo 6º, a nossa democrática Constituição Federal, assim reza:

> São direitos sociais a educação, a saúde, o trabalho, a moradia, o lazer, a ***SEGURANÇA*** (grifo nosso), a previdência social, a proteção à maternidade e à infância, a assistência aos desamparados, na forma desta Constituição.

Pelos caminhos democráticos de outrora, os Constituintes Originários de 1988 dedicaram um Capítulo para a Segurança Pública, que é tratada no artigo 144, da CF88.

O artigo 144 discorre que:

> ***A SEGURANÇA PÚBLICA*** (grifo nosso), dever do Estado, direito e responsabilidade de todos, é exercida para a preservação da ordem pública e da incolumidade das pessoas e do patrimônio, através dos seguintes órgãos: I - Polícia Federal; II - Polícia Rodoviária Federal; III - Polícia Ferroviária Federal; IV - Polícias Civis; V - Polícias Militares e Corpos de Bombeiros Militares; VI - Polícias Penais Federal, Estadual e Distrital.

A Guarda Municipal entra no mesmo artigo, o 144, da CF88, em seu parágrafo 8º, regulamentada pela Lei Federal n. 13.022, de 2014, que dispõe sobre o Estatuto Geral das Guardas Municipais.

Na trilha aberta, volto ao Manual Básico de Policiamento Ostensivo, para conceituar a preservação da ordem pública como sendo, segundo o citado livro técnico, o exercício dinâmico do poder de polícia, no campo da Segurança Pública, manifestado por atuações predominantemente ostensivas, visando a prevenir e/ou coibir eventos que alterem a ordem pública – os delitos – e a dissuadir ou reprimir os eventos que violem essa ordem para garantir a sua normalidade.

Seguindo a rota constitucional e democrática da CF88, o artigo 144, nos seus parágrafos posteriores, define as destinações de cada órgão policial no Brasil, bem como que a lei disciplinará a organização e o funcionamento dos órgãos responsáveis pela Segurança Pública brasileira.

Outro aspecto que quero frisar, está inserido no parágrafo 6º, do artigo 144, que militariza as Polícias Militares e os corpos de bombeiros militares, no Brasil e afirma:

> ***As Polícias Militares e corpos de bombeiros militares, forças auxiliares e reserva do Exército*** (grifo nosso), subordinam-se, juntamente com as Polícias Civis, aos Governadores dos Estados, do Distrito Federal e dos Territórios.

No ano de 2021, 33 anos depois de promulgada a Constituição Cidadã de 1988, os números da Segurança Pública no Brasil são números de guerra, segundo o Fórum Brasileiro de Segurança Pública (FBSP), em seu Anuário de 2021, que mostra que mesmo com a pandemia do coronavírus, que atingiu e atinge o país, conforme se vislumbra abaixo, os dados são altos e exigem reflexão e decisão de todos, nos diversos níveis, para democratizar a Segurança Pública, como se pode aferir adiante.

As vítimas de homicídios, no Brasil, em 2020, foram de 50.033 pessoas, sendo que 78% das mortes violentas intencionais (MVI) foram com armas de fogo, o que levou a Taxa de Homicídios, no país, para 23,6 para cada 100 mil/habitantes. As vítimas são 76,2% negras, 54,3% jovens e 91,3% do sexo masculino e trazem uma fotografia nacional, que se reflete para todos os Estados da Federação.

Já no que concerne a letalidade policial, no mesmo período avaliado, os números são altos como quase todos os outros dados. 6.416 pessoas foram mortas pelas polícias em intervenções policiais, destas 78,5% são negras, 76,2% estão entre 12 e 29 anos e 98,4% do sexo masculino, índices percentuais semelhantes ao nacional.

Nesta senda aberta pelos dados estatísticos do Fórum Brasileiro de Segurança Pública, os números da vitimização policial chamam atenção do leitor ou leitora, como se pode observar: policiais assassinados – 194, sendo 62,7% da raça negra, 58,9% com idade entre 30 a 49 anos e 98,4% do sexo masculino. 72% morreram do horário de folga. Outro dado relevante é o número expressivo de mortes por Covid-19 – 472, bem maior que o número de mortes por assassinato.

Um atalho que não deu certo e, portanto, pouco democrático e que traz consequências nefastas para a Segurança Pública é o "liberou geral" na autorização e registros de armas. Em 2020, houve um crescimento de 108,4% na autorização de importação de armas longas. Foram feitos 279.491 registros de armas de fogo ativos no SINARM (Polícia Federal), um aumento de 100,6%, desde 2017. Os registros de armas no CAC (atiradores e caçadores), junto ao SIGMA (Exército Brasileiro), teve um aumento de 29,6%. Foram adquiridas 186.071 armas novas, em 2020, segundo o SINARM (PF), um aumento de 97,1%, em 2020.

Um dado que salta, também, aos olhos e que precisa ser melhor trabalhado pelas autoridades brasileiras é o número de desaparecidos que, em 2020, foi de 62.857 desaparecidos, ou 172 pessoas, por dia, desaparecidas. Cifras astronômicas, ano a ano, que não vêm sendo tecnicamente averiguadas pelas autoridades brasileiras, nas diversas áreas, o que pode revelar crimes ocultos ou subnotificação de tipos penais.

A violência sexual choca, também, a quem trabalha com esses números pela quantidade e pelas vítimas, deste tipo de crime, como se depreende logo a seguir: 60.460 estupros, em 2020. 73,7% das vítimas eram vulneráveis, ou seja, incapazes de consentir. 60,6% tinham até 13 anos. 86,9% eram do sexo feminino e em 85,2% dos casos, o autor era conhecido da vítima. São mais vítimas e números estratosféricos da nossa catastrófica política de Segurança Pública, no Brasil.

Nos crimes contra o patrimônio é observada uma redução, em 2020 confrontando com 2019, como por exemplo: roubo de veículos, uma redução de 26,9%. Roubo a estabelecimento comercial, uma redução de 27,1%. Roubo a residência, menos 16,6%. Roubo a transeunte, uma diminuição de 36,2%. E no roubo de carga, houve uma redução de 25,4%.

Para que o trajeto para uma Segurança Pública Democrática seja feito com mais objetividade e atingindo a todos de forma igual é importante que se valorize a carreira policial, e, neste ponto, o Anuário de 2021 do FBSP traz alguns dados interessantes, dentre eles, são destacados os seguintes: 686.773 policiais e bombeiros na atividade existem no Brasil e a diferença salarial entre o maior e o menor salário chega a 15,9 vezes de diferença, um fosso que precisa ser vencido. 44% do efetivo ganha entre R$ 2.500 reais e R$ 5.600 reais e 53% do efetivo ganham entre R$ 5.700 reais e R$ 27.000.

Portanto, e objetivando avançar por caminhos para uma Segurança Pública democrática e diante do que foi exposto anteriormente, e frente a essa realidade de um modelo de Segurança Pública ultrapassado e falido, no Brasil, é de bom alvitre se debruçar e discutir com todos os atores envolvidos, bem como buscar experiências positivas dentro e fora do país, no assunto em comento, e também baseado na experiência profissional e na literatura da área, que as ações descritas adiante são necessárias para a transformação da Segurança Pública no Brasil em uma Segurança Pública democrática, no país, com todos os atos decorrentes e que sejam importantes e necessários, para tomada na consecução deste objetivo, quais sejam: **desmilitarização das policiais militares e corpos de bombeiros militares, ciclo completo de polícia, carreira única e acesso único às carreiras policiais, fim do inquérito policial, fim da política de Segurança Pública de guerra às drogas e valorização policial.**

A sociedade brasileira clama por caminhos para uma Segurança Pública democrática, comunitária, de aproximação, de solução de conflitos, participativa e que atenda os anseios da nossa população.

CAPÍTULO IV

ANÁLISE DO SISTEMA PRISIONAL BRASILEIRO

Os Centros de Ressocialização são a grande novidade no sistema prisional paulista dos últimos anos, nova e inédita forma de administrar prisões, em que a sociedade civil tem efetiva participação por meio das ONGs.

NAGASHI FURUKAWA

Introdução

Recebi muito honrado o convite para participar do *webinário* do IREE – Instituto para Reforma das Relações entre Estado e Empresa, juntamente com a Professora Camila Dias.

Procurei descrever os principais problemas e soluções que busquei como Secretário da Administração Penitenciária de São Paulo, cargo que exerci de dezembro de 1999 a maio de 2006.

No início da década de 1990, o estado de São Paulo enfrentava um gravíssimo problema prisional, especialmente nas cadeias públicas, nas carceragens dos distritos policiais e também de insuficiência das vagas no chamado Sistema Penitenciário, composto pelas unidades prisionais com regime fechado e as colônias agrícolas e industriais, destinadas ao regime semiaberto.

A Cadeia Pública de Bragança Paulista era uma das piores do Estado, lá se misturavam mulheres presas em uma cela, em outra menores de idade junto com doentes mentais, tudo em meio a uma inacreditável sujeira e promiscuidade. Em razão desse grave problema, juntamente com outras pessoas, decidi procurar o governador do Estado, na época Mário Covas, para propor uma nova e revolucionária forma de administrar aquele estabelecimento penal. A cadeia de Bragança Paulista foi transformada depois no primeiro Centro de Ressocialização (CR), cujo funcionamento e conceito será explicado abaixo.

1 As principais mudanças no sistema prisional paulista

Ao assumir a SAP – Secretaria da Administração Penitenciária de São Paulo, os principais problemas encontrados foram: a Casa de Detenção do Carandiru, as carceragens dos Distritos policiais, o incontrolável aumento do número de presos e as facções criminosas.

Um dos problemas mais graves no sistema penitenciário que o Brasil enfrentava era a existência de unidades prisionais gigantescas, que impossibilitavam sua administração minimamente eficiente. A maior de todas era a "Casa de Detenção Flamínio Fávero", mais conhecida por Carandiru. Palco de violentíssimas rebeliões, vários governos, desde 1983, tentaram, sem êxito, desativar o Carandiru. No início de 2001 houve novamente uma grande rebelião de presos, a maior do mundo até aquela época, segundo a imprensa. Envolveu 29 unidades prisionais e foi comandada pelo PCC – Primeiro Comando da Capital. No dia 19 de fevereiro de 2001, Geraldo Alckmin que estava no exercício do cargo de governador, decidiu, com Mário Covas participando da reunião embora doente, desativar de vez o Carandiru.

O Governo Federal assumiu a responsabilidade de arcar com a metade do custo para a desativação.

Depois de muitos percalços e dificuldades de toda ordem, em 15 de setembro de 2002 saía da Casa de Detenção de São Paulo o último "bonde", retirando os últimos presos. Em 08 de dezembro de 2002, Dia da Justiça e de Santo Ivo, mandamos para os ares três pavilhões do Carandiru.[1]

Além da desativação do Carandiru, conseguimos retirar das cadeias públicas da Secretaria da Segurança Pública mais de 15 mil presos, liberando os policiais civis dessa tarefa. Quatro mil policiais militares foram retirados das muralhas das penitenciárias, com a criação de uma nova categoria de funcionário, denominada AEVP – Agente de Escolta e Vigilância Penitenciária.

Para atuar nos momentos de crise, motins e rebeliões, foi criado o GIR – Grupo de Intervenção Rápida, formado por servidores da SAP especialmente treinados e equipados.

Novos modelos de estabelecimentos prisionais, mais eficientes e baratos, foram criados, tais como: CDPs – Centros de Detenção Provisória, CPPs – Centros de Progressão Penitenciária e também as Alas de Progressão Penitenciária, destinadas aos presos do regime semiaberto que aguardavam vagas nas colônias agrícolas e industriais.

Mas o estabelecimento que considero mais importante de todos foi o CR – Centros de Ressocialização, que será abaixo descrito.

2 Os Centros de Ressocialização

Os CRs – Centros de Ressocialização – são a grande novidade no sistema prisional paulista dos últimos anos. Essa nova e inédita forma de administrar prisões, em que a sociedade civil tem efetiva participação por meio das ONGs – Organizações Não Governamentais, nasceu na cadeia pública de Bragança Paulista em 1995.

Hoje existem 22 CRs funcionando no estado de São Paulo, abrigando cerca de 5 mil presos. Cada um tem 210 vagas: são 70

1 Os outros pavilhões foram mantidos e depois de reformados e adaptados são usados hoje pelo “Parque da Juventude”.

vagas para os que aguardam julgamento, mais 70 para os do regime fechado e, finalmente, mais 70 para presos do regime semiaberto.

O objetivo principal é manter a pessoa presa, desde o início até o final do cumprimento da pena, perto da sua família e de seus amigos. Iniciado o primeiro em 1995 e agora, com mais de 20 anos de funcionamento, têm se mostrado de eficiência ímpar; o custo de manutenção do detento é muito inferior ao do sistema tradicional. Não existem guardas de muralha e não se registram fugas. Não há rebeliões e as facções criminosas não atuam.

As novidades geradas por esta nova modalidade de gestão prisional têm despertado muita curiosidade, tanto de leigos, como de especialistas. Inúmeras autoridades do país e do exterior visitaram os Centros com o objetivo de pesquisar e de estudar o assunto.

Mas quem primeiro foi capaz de captar a importância da participação da sociedade na gestão da coisa pública foi Mario Covas. Ainda no início do convênio, em 1998, quando os frutos eram poucos, em solenidade realizada no Palácio dos Bandeirantes, o governador, após afirmar que vários municípios rejeitavam violentamente a construção de penitenciárias, disse:

> Pois em Bragança aconteceu o inverso. Aconteceu não a incorporação do detento na sociedade, mas a entrada da sociedade dentro da cadeia. A presença da sociedade lá dentro, tornando possível e aplainando o caminho desse reencontro. Essa é uma coisa tão gratificante, tão extraordinariamente bonita na sua essência e, por outro lado, tão significativa do ponto de vista da convivência, que me comoveu desde o primeiro instante. Eu quero, portanto, dizer no que se refere a mim, tentarei seguir o exemplo. Não o exemplo do modelo, mas o exemplo dos fundamentos que levaram ao modelo.[2]

---

2 Discurso proferido em 20.05.98, quando o grupo de presos de Bragança Paulista apresentou a peça teatral denominada "Sinais de Rumo", no Palácio dos Bandeirantes.

Muitos estudiosos se debruçaram sobre esse modelo inédito criado pelo Governo de São Paulo. Dentre outros, destaco o extenso e profícuo estudo feito pela bragantina Flávia Ottati Valle, em tese de doutorado sobre Ciências Sociais na PUC/São Paulo:[3]

> As prisões não diminuem a taxa de criminalidade; fabricam delinquência pelo tipo de existência que fazem os detentos levar e por fazer cair na miséria suas famílias; provocam reincidência; favorecem um tipo de organização de criminosos, solidários entre si e prontos para todas as cumplicidades.

E tirou suas conclusões:

> Diferentemente da maioria das prisões atuais, nas quais a dose do remédio transforma-o em veneno, os CRs, ao aplicá-la obtiveram resultados que amenizam os sintomas... Nos CRs estamos tratando de um presídio que se constituiu, não em veneno, como fazem as prisões do modelo de exclusão que buscam forjar a morte de seus internos, mas em remédio com dosagem para resgatar a vida.

Outra estudiosa da questão prisional, com experiência internacional, Fiona Macaulay,[4] escreveu sobre os Centros de Ressocialização:[5]

---

3 "Ressocialização: Limites e Potencialidades", é o título da tese.

4 Dra. Fiona Macaulay é Conferencista em Estudos de Desenvolvimento no Departamento de Estudos da Paz, na Universidade de Bradford, Inglaterra. Anteriormente, foi Conferencista no Instituto para o Estudo das Américas (Universidade de Londres) e pesquisadora no Centro para Estudos Brasileiros (Universidade de Oxford) e na Anistia Internacional. Essa experiência anterior se reflete em suas áreas principais de pesquisa, que são: América Latina, particularmente Brasil; políticas de gênero; reforma do sistema de justiça criminal (principalmente Segurança Pública e sistema prisional); direitos humanos; influência da sociedade civil organizada nas políticas dessas áreas; partidos políticos, especialmente o Partido dos Trabalhadores (PT) do Brasil; e governo local.

5 "Os Centros de Ressocialização como modelo alternativo".

Este artigo não está preocupado em analisar os bem documentados defeitos do sistema prisional brasileiro. Ao invés disso, ele está focado num pouco conhecido mas inovador modelo de boa administração prisional que tem sido discretamente posto em prática na última década.[6] No estado de São Paulo existem atualmente 22 pequenas prisões conhecidas como "Centros de Ressocialização" – CRs.[7] Localizados em cidades menores, eles contêm em média 210 detentos e são administrados numa inovativa parceria entre as autoridades prisionais do Estado e organizações não governamentais (ONGs) locais. Os CRs são compatíveis com as garantias nacionais e internacionais de direitos humanos para os detentos, obtêm taxas de reincidência criminal muito mais baixas e seu custo de operação é muito menor que o das prisões convencionais. O capítulo mostra em primeiro lugar como o modelo de CR surgiu e se desenvolveu. Analisa em seguida as duas características não usuais e interrelacionadas pelas quais os CRs são principalmente notáveis: seu regime de reabilitação e sua organização administrativa. Baseia-se num estudo piloto realizado em outubro de 2004,[8] envolvendo entrevistas semi-estruturadas e grupos alvo, com os detentos, famílias, pessoal do serviço prisional e da ONG, justiça criminal e formadores de opinião da comunidade local.[9]

---

6 Tive um primeiro contato com os protótipos de CRs quando pesquisava violações de direitos humanos no sistema prisional brasileiro para a Anistia Internacional, em cujo relatório de 1999 foram elogiados.

7 Os dados são de outubro de 2006. Uma lista completa de CRs está disponível no site: www.sap.sp.gov.br.

8 Quatro CRs foram escolhidos por serem amplamente representativos. Dois foram os pioneiros originais do modelo (Bragança Paulista e São José dos Campos) e são estabelecimentos convertidos a partir de *cadeias públicas* pré-existentes. Dois são novos e construídos para esse fim (Jaú e Sumaré). Três acomodam presos homens e o outro mulheres. Quatro dos 22 CRs são para mulheres ofensoras.

9 Essa pesquisa foi generosamente financiada pela Associação Britânica de Estudos Sócio-Legais. Também sou grata aos funcionários da Secretaria de Administração Penitenciária do Estado de São Paulo e

Depois de longo estudo *in loco* sobre os CRs, Fiona conclui:

> Os CRs são muito bem-sucedidos sob várias medidas. Do ponto de vista moral, oferecem um ambiente penal positivo e humano que é o oposto completo da violência e brutalidade encontradas no "sistema" prisional convencional descrito acima. De uma perspectiva legal, implementam o espírito da Lei de Execuções Penais e estão em completo acordo com as normas domésticas e internacionais sobre direitos humanos (Coyle, 2002). Do ponto de vista administrativo, provaram oferecer serviços de alta qualidade aos ofensores, a um custo muito baixo para o Estado. Os níveis de reincidência são referidos como tão baixos quanto 10%, comparados aos 50-70% do Sistema. Contudo, dada a baixa confiabilidade das estatísticas de reincidência no Brasil, talvez seja melhor olhar para além dos números, para medidas mais qualitativas. Há um inestimável valor em evitar as externalidades negativas, criadas pelas formas convencionais de aprisionamento, que afetam os ofensores (desemprego, problemas de vício, baixa autoestima), o círculo mais interno de sua família (famílias desfeitas ou vulneráveis, filhos sem pai, transmissão intergeracional da prática ofensora) e se estendem para o círculo mais externo da comunidade e dos operadores do sistema de justiça criminal (e que impactam sobre as atitudes sociais em relação aos ofensores e às práticas penais). Assim, os CRs têm sucesso no que Braithwaite chama de envergonhamento reintegrativo, que capacita os ofensores a retornar à sociedade, enquanto o Sistema pode conseguir somente o envergonhamento desintegrativo, isto é, a exclusão permanente do ofensor em relação à sociedade (Braithwaite, 1989). A parceria entre o Estado e a sociedade civil levanta muitas questões fascinantes sobre o papel das prisões na sociedade e sobre a compreensão social do crime e da reabilitação do ofensor. Sob esse aspecto, os CRs são trabalhos em progresso notáveis e inovadores e merecem estudo e consideração muito mais detalhados.

---

aos funcionários, detentos e outros participantes dos CRs por sua colaboração e por permitir completa liberdade de acesso.

Considerações finais

Procurei descrever as principais medidas que tomei como Juiz de Direito e como Secretário da Administração Penitenciária visando o aperfeiçoamento das unidades prisionais no estado de São Paulo. Os CRs, indiscutivelmente podem, se não resolver, ao menos melhorar muito o sistema prisional paulista e brasileiro.

CAPÍTULO V

A CRÍTICA AO CICLO INCOMPLETO DA ATIVIDADE POLICIAL PÕE EM XEQUE TODO O SISTEMA

Se a sociedade pretende retomar o caminho de construção da democracia, terá de empreender a refundação dessa herança: as polícias e seus modelos de ação, o inquérito e as prisões, o encarceramento em massa e a política de drogas que criminaliza a pobreza.

LUIZ EDUARDO SOARES

Depois de mais de três décadas acompanhando a problemática da Segurança Pública no Brasil, posso afiançar que, entre os profissionais e estudiosos de boa vontade – aqueles e aquelas que, experientes e comprometidos com os valores democráticos, refletem sobre os desafios com o mínimo de isenção ou independência corporativa, equilíbrio emocional, conhecimento empírico e espírito crítico –, são poucos os que aprovam a divisão do ciclo do trabalho policial entre civis e militares, aos primeiros cabendo a investigação, aos segundos, as tarefas ditas ostensivo-preventivas. A opinião majoritariamente negativa a propósito da divisão, determinada pela Constituição de 1988, não deveria surpreender. Afinal, os resultados estão aí: baixíssima efetividade investigativa e preventiva, reduzida confiança popular, elevada taxa de insatisfação dos próprios policiais com suas instituições, numerosos casos de corrupção e índices assombrosos de mortes provocadas por ações policiais, sobretudo de jovens negros e pobres.

Por óbvio, as deficiências não derivam exclusivamente da divisão do ciclo, mas (entre outros motivos) do modo peculiar em que se realiza cada núcleo funcional, correspondendo a uma corporação, uma das quais militar, obrigada a copiar a estrutura organizacional do Exército, ao qual se mantém vinculada. Em uma ponta do espectro, encontramos o estrato subalterno das PMs: soldados fardados, lotados em batalhões. Com frequência, eles se autorrepresentam não como defensores da cidadania, destinados a prevenir violações a seus direitos, mas como combatentes numa eterna guerra interna por ordem, em defesa dos "homens de bem", contra os suspeitos, vistos como inimigos a eliminar. Na outra ponta, os delegados e as delegadas, que comandam a Polícia Civil e se percebem, via de regra, como fontes por excelência da autoridade policial. Aspiram a que sua categoria seja subtraída da polícia e absorvida pela Justiça, o que lhes renderia vantagens salariais, prerrogativas legais, poder político e prestígio social. Cumpre aos delegados conduzir o inquérito policial. Esse mecanismo fortemente burocratizado obsta a agilidade investigativa e mimetiza o processo judicial, que o sucede e reproduz. O possível indiciamento do acusado equivale a um rascunho para o subsequente pronunciamento do juiz ou da juíza, mas não condiciona o julgamento, nem o antecipa e sequer impacta a eventual sentença, apenas o retarda. Dirigir o inquérito consiste em privilégio paliativo que apazigua a frustração do projeto corporativista. As categorias subalternas da Polícia Civil distanciam-se, subjetiva e objetivamente, de seus superiores, na medida em que o estamento que comanda a instituição contempla um horizonte externo à corporação, ansiando pela transição rumo ao Judiciário – que o tratamento "Vossa Excelência", convertido em norma, simula e, simbolicamente, realiza.[1] O afastamento entre delegados

1 Cf. ALVES, Josias Fernandes. "'Vossa Excelência' para delegado de polícia ainda gera controvérsia". *Consultor Jurídico*, 13 ago. 2014.

e agentes nos pleitos corporativos (como as reivindicações salariais) impacta a visão de mundo, da carreira, da polícia e de sua missão, contribuindo para a desagregação interna, produzida originalmente pela distinção na forma de ingresso, na remuneração e nas oportunidades de ascensão.

A incoesão, entretanto, não é atributo exclusivo das Polícias Civis. As PMs, embora ordenadas por mecanismos que aplicam os princípios de hierarquia edisciplina, tampouco constituem modelos de coesão. São duas as portas de entrada,separando praças e oficiais; dois, os processos de formação e as experiências rotineiras; dois, os horizontes de expectativa quanto à ascensão funcional; dois, os universos valorativos. Compreende-se, portanto, que se diferenciem também as perspectivas relativas ao exercício profissional e aos objetivos institucionais. As distinções potencializam-se, mutuamente, tendendo a gerar focos de conflito e ressentimento, na contramão da hierarquia, minando a disciplina. Esse quadro se complexifica, intensificando o impulso centrífugo, quando incorporamos à análise atríplice dinâmica da autonomização ilegal, que será examinada adiante.

A tensão entre as Polícias Civis e Militares não provêm somente de antagonismos naturais entre instituições que atuam no mesmo campo, cujas identidades se nutrem da diferenciação (hierarquizante). A tensão também expressa o esgarçamento entre referências e projetos, inscritos na posição estrutural das corporações e em suas respectivas tradições, ambas, por sua vez, radicadas na história brasileira, marcada por exploração de classe, racismo estrutural, patriarcalismo e autoritarismo de viés patrimonialista.

De um lado, dá-se a gravitação da PM em torno do Exército, de suas linguagens e lógicas, concepções e abordagens, em

---

Disponível em: https://www.conjur.com.br/2014-ago-13/josias-fernandes-vossa-excelencia-delegado-gera-controversias. Acessado em: 27.10.2022.

dessintonia com os ditames constitucionais, segundo os quais a polícia ostensiva participa do campo institucional da Segurança Pública, ou seja, ao contrário das Forças Armadas, não é responsável pela defesa da soberania nacional ou pela proteção do território brasileiro de eventuais ameaças bélicas. Em vez de valorizar a PM, sua definição constitucional como força reserva, a reprodução da estrutura organizacional e a manutenção de elo orgânico com o Exército terminam por subalternizá-la, reduzindo-a a um lugar apendicular, relegando-a a um papel vicário como se fosse uma força armada de segunda categoria, uma réplica do Exército em desvio de função, uma corporação combatente em busca de uma guerra "para chamar de sua".

De outro lado, a Polícia Civil orbita em torno do Poder Judiciário – e também do Ministério Público –, não só porque sua competência a situa na corrente da persecução criminal, mas também, e sobretudo, como vimos, porque o estrato que acomanda move-se para desgarrar-se da corporação de origem, visando sua reinserção no espaço da Justiça Criminal – por exemplo, como juízes de instrução. Paralelamente, os agentes, não raro, sentem-se abandonados e traídos, enquanto categoria, quando não humilhados, até porque a Polícia Civil por vezes parece flutuarem um espaço ambivalente e híbrido: não instruem o processo judicial, nem movimentam a força de contenção; cuidam do inquérito, peça anódina e, vale enfatizar, tão trabalhosa quanto inócua, um labirinto de formalismos fora do tempo, uma espécie de sentença que condena os investigadores à ineficiência, o que os leva ao sentimento niilista de inutilidade – seu ceticismo se propaga por contágio e muitas vezes se torna tóxico, corrosivo, paralisante, cínico e depressivo. O que resta aos policiais civis, nesse contexto, é mimetizar seus irmãos-competidores-antagonistas,os policiais militares, e procurar um lugar na imaginária e lamentável "guerra contra o crime", na absurda "guerra às drogas", para justificar seu destino, legitimando-os ante si mesmos e a sociedade. Daí a criação de unidades especiais uniformizadas, fortemente armadas, orientadas para ações ostensivas, concorrendo, inconstitucionalmente, com as PMs. O espelho de inconstitucionalidades se desdobra, uma vez que as PMs também têm se apropriado de atribuições das Polícias Civis, atuando na seara da investigação e multiplicando suas unidades de "inteligência".

Assim como a PM não é o Exército, a Polícia Civil não é o MP e nem a Justiça. Ante a angústia de não-ser, as duas polícias procuram, atribuladamente, tecer suas respectivas identidades no contraste entre si, opondo-se uma à outra. Como, neste cenário, esperar cooperação, diálogo, coordenação, integração, complementaridade produtiva? A Segurança Pública acaba sendo uma lacuna, um vazio preenchido pela inclinação natural à repetição. Explico. Os delegados e as delegadas são bacharéis em Direito. Os oficiais, que dirigem as PMs, são militares, instruídos para comandar batalhões de soldados. Segurança Pública, portanto, seria este entre-lugar, que é também um não-lugar, mal tangenciado por saberes que não podem mais do que interpelar alguns de seus aspectos por mediações técnico-operacionais. O resto é o que se aprende no caminho, é o que se colhe na trajetória-material sem dúvida precioso, desde que haja meios e modos coletivos e institucionalizados de separar, na vivência cotidiana, dura e sofrida, o joio do trigo. Não há garantias de que o espontaneísmo ou o voluntarismo dos indivíduos, deixados à própria sorte, ofereçam a peneira adequada. Por mais que haja boa vontade, por mais lúcidos que sejam os atores e por mais ricas que sejam as experiências, a tendência é que se imponha sempre, por inércia, o que se fez no passado. Sem critérios racionais e publicamente estabelecidos de avaliação, o passado dominará o futuro. A tradição será o único guia, o que é trágico para o Brasil, ante o histórico de racismo e o viés de classe que marcaram e marcam as polícias. Por isso, a população pobre costuma dizer: "sempre foi assim". A tragédia naturaliza-se como uma conspiração de atavismos.

Houvesse espaço, seria fácil demonstrar como o encarceramento em massa – que aprofunda desigualdades, intensifica o racismo, fortalece as facções criminosas, contrata violência futura e destrói a vida de gerações de jovens não violentos – é o filho bastardo do arranjo institucional das polícias brasileiras, gestado pela combinação entre prisões em flagrante e a nefasta lei de drogas.[2]

No interior desse contexto, vale registrar a relevância dos agentes das Polícias Civis, que carregam nos ombros a tarefa chave de investigar. Eles e elas têm dificuldade em se dedicar integralmente à sua função precípua – para a qual seria indispensável contar com a colaboração dos peritos – por conta das exigências formalistas e burocráticas do inquérito, não é demais reiterar. Finalmente, quando têm sucesso, não é incomum que os créditos sejam atribuídos aos seus superiores.

Importante assinalar que as referências às categorias indicam tendências, a meu ver, predominantes. Generalizar seria um equívoco, mas evitá-lo não impede a identificação de padrões. Os segmentos profissionais são heterogêneos, o processo político brasileiro tem sido sinuoso e acidentado, cada Estado tem suas peculiaridades, as quais se projetam sobre as instituições, as sucessivas gerações trazem características específicas e as individualidades fazem diferença. Ao mesmo tempo, determinados aspectos centrais, como aqueles aqui destacados, têm se mostrado constantes e resistentes às mudanças.

1.2 Algumas palavras sobre a tríplice dinâmica de autonomização ilegal

Ao longo da transição democrática, nos anos 1980, a correlação de forças conferia poder considerável aos representantes da ditadura, apesar de seu declínio. A natureza negociada do processo, outra marca histórica da sociedade brasileira, bloqueou rupturas e uma Justiça de transição. Mais que isso, determinou limites às transformações, impedindo que se estendessem à Defesa e à Segurança Pública, submetidas

---

2 Cf. SOARES, Luiz Eduardo. *Desmilitarizar*: Segurança Pública e direitos humanos. São Paulo: Boitempo, 2018.

pelos militares a uma espécie de contingenciamento estratégico. O resultado foram os artigos 142 e 144 da Constituição, promulgada em 1988. No quediz respeito às polícias, a operação logrou congelar suas estruturas organizacionais,mantendo-as, portanto, intangidas pela transição política. Em outras palavras, a democracia herdou o modelo forjado na ditadura. Com os organogramas legados aofuturo, vieram os profissionais e suas culturas corporativas, suas práticas e valores, e sobretudo sua percepção sobre a missão das instituições policiais. Só assim se explica que o comandante da capital do estado do Rio de Janeiro, Coronel PM MarcusJardim, tenha declarado, em 2008, 20 anos depois da promulgação da Constituição, que a polícia é um inseticida social.[3]

Evidentemente, houve também mudanças. Um universo, contendo centenas de milhares de pessoas, não poderia ser homogêneo. No entanto, o fato é que os valores e as visões sobre a função social das polícias, assim como uma série de práticas tradicionais, persistiram e ainda predominam. Por isso, sustento que as polícias brasileiras, a despeito de variações internas, contradições e alguma resistência, sempre foram, predominantemente, bolsonaristas *avant la léttre*. As polícias têm se revelado com muita frequência refratárias à autoridade política, assim como à Constituição e aos direitos humanos, por ela emulados. Desse modo, engendraram um enclave institucional, que só perdura na medida em que conta com o beneplácito do próprio poder político, civil, republicano – o qual, por vezes acuado, se abstém de exercer sua autoridade –, e com a cumplicidade de segmentos significativos da Justiça e do Ministério Público, leniente no cumprimento de seu dever constitucional: exercer o controle externo da atividade policial.

---

3 TOLEDO, Malu. "Nove morrem em ação do Bope; coronel diz que PM do Rio é 'o melhor inseticida social'". *Folha de S.Paulo*, 16 abr. 2008. Disponível em: https://www1.folha.uol.com.br/fsp/cotidian/ff1604200827.htm. Acessado em: 27.10.2022.

No coração da democracia, gestou-se o avesso da ordem republicana: o enclave institucional da Segurança Pública. Como descrever de outra forma as cifrasabsurdas de execuções extra-judiciais, repetidas com regularidade, ante a omissão, o silêncio obsequioso e até mesmo o endosso do MP, da Justiça e dos governos? Claro que o convívio entre a democracia e sua contrafação dificilmente seria possível sem o aplauso de amplos setores sociais e sem que essa perversão se radicasse numa história brutal de racismo.

Se o enclave corresponde à ilegal autonomia das instituições policiais, a prática reiterada e deliberada de execuções extra-judiciais representa a face mais dramática da autonomização. Por sua vez, essa política letal enseja a emergência denichos criminosos, em parceria com o tráfico de drogas, por exemplo, ou liderando milícias. Tais nichos radicalizam o processo de autonomização ilegal e o lançam para além das margens das próprias instituições, mantendo-as, todavia, envolvidas.[4]

Em síntese: entre os entulhos da ditadura que minam a recente, limitada e precária experiência democrática brasileira, destacam-se as estruturas organizacionais das polícias, forjadas no regime militar e já então carregadas do passado de iniquidades que remontam à escravidão. Como vimos, organização, menos que forma, é valor e performance, regime afetivo, ideologia e prática. Portanto, se a sociedade pretende retomar o caminho de construção da democracia, terá de empreender a refundação dessa herança, que evoca e atualiza algumas das dimensões mais sombrias de nossa história: as polícias e seus modelos de ação, o inquérito e as prisões, o encarceramento em massa e a política de drogas que criminaliza a pobreza. O ciclo incompleto da atividade policial é inseparável da militarização, da divisão estamental das polícias, dos antagonismos internos e corporativos, das carreiras cindidas, do autoritarismo endêmico, do racismo, do viés de classe e patriarcal, da ineficiência crônica, da

---

4 Cf. SOARES, Luiz Eduardo. "Democracia despedaçada". *Revista Piauí*, vol. 1, 2020, pp. 46-54.

brutalidade letal, da corrupção degradante, da ausência de controle por parte da sociedade e das instituições republicanas. Trata-se de empreendimento que atravessará anos, quiçá décadas, e envolverá mudanças simultâneas e convergentes em outras áreas chave para a vida popular. Muito mais que planos de governo e projetos de um partido, o que se abre diante de nós é tarefa de Estado, apoiada por amplas coalizões políticas, conduzida por gerações. Os pontos de unidade são o antirracismo e o respeito aos direitos humanos. Tudo isso ainda seria pouco, ante a espoliação provocada pelo capitalismo, no entanto, os resultados representariam verdadeira revolução, em se considerando a magnitude de nossa tragédia atual.

Referências bibliográficas

ALVES, Josias Fernandes. "'Vossa Excelência' para delegado de polícia ainda gera controvérsia". *Consultor Jurídico*, 13 ago. 2014. Disponível em: https://www.conjur.com.br/2014-ago-13/josias-fernandes-vossa-excelencia-delegado-gera-controversias. Acessado em: 27.10.2022.

SOARES, Luiz Eduardo. "Democracia despedaçada". *Revista Piauí*, vol. 1, 2020.

______. *Desmilitarizar*: Segurança Pública e direitos humanos. São Paulo: Boitempo, 2018.

TOLEDO, Malu. "Nove morren em ação do Bope; coronel diz que PM do Rio é 'o melhor inseticida social'". *Folha de S.Paulo*, 16 abr. 2008. Disponível em: https://www1.folha.uol.com.br/fsp/cotidian/ff1604200827.htm. Acessado em: 27.10.2022.

CAPÍTULO VI

O MODELO DUAL E ANACRÔNICO DE POLÍCIA NO BRASIL, REFLEXO DO CICLO INCOMPLETO DE ATIVIDADE POLICIAL

O ciclo completo de polícia, uma vez implantado, poderá trazer benefícios para a Segurança Pública e para a sociedade, porque seu modelo é mais eficiente e eficaz no combate à criminalidade, possibilitando alcançar melhores resultados.

ROBERTO JOSÉ DA SILVA

O presente trabalho em forma de artigo científico resumido é fruto de uma proposta de debate, num *webinário* ocorrido na noite do dia 23.02.2022, promovido pelo IREE - Instituto para Reforma das Relações entre Estado e Empresa, uma organização cuja missão é promover o debate democrático e pluralista para aperfeiçoar a interação entre os setores público e privado no Brasil.

O referido debate teve como tema central o ciclo incompleto da atividade policial no Brasil, seu contexto histórico e reflexos na ineficiência sistêmica da atividade policial brasileira, reflexo do modelo dual e anacrônico, que gera competição, com disputas corporativistas, sem nenhuma interação, sem comunicação ou vontade de se ajudar, fatores estes que contribuíram para evolução da criminalidade e consequente aumento da violência e um certo estrangulamento para o sistema de justiça criminal.

1 O modelo dual e anacrônico de polícia no Brasil

As polícias são responsáveis pelo exercício de dois tipos de funções: a administrativa e a judiciária. As funções administrativas, materializadas pela vigilância, são exercidas com altos níveis de discricionariedade, ou seja, os policiais têm uma liberdade de ação maior, embora limitada pela lei. Segundo o autor, a polícia exerce suas funções administrativas considerando a conduta criminosa "potencial" de cada pessoa: é sua obrigação observar atentamente a população a fim de prevenir a criminalidade, define Kant de Lima.[1]

O referido autor, ainda afirma que as funções judiciárias, basicamente materializadas pelas funções de Polícia Judiciária, são exercidas com menor ou nenhuma liberdade de ação pelos policiais, já que atuam sob o controle direto do sistema judicial. Ou seja, a polícia, no exercício de suas funções judiciárias, leva em consideração a conduta criminosa "real" dos indivíduos: são atividades de apuração dos fatos.

A Constituição Federativa do Brasil de 1988, em seu artigo 144 estabelece seis diferentes tipos de instituições policiais para a execução distintas de suas atividades, a Polícia Federal, PRF – Polícia Rodoviária Federal, PFF – Polícia Ferroviária Federal, Polícia Penal Federal, estas no âmbito federal e as Polícias Estaduais: Polícia Militar e Polícia Judiciária ou Polícia Civil, além da Polícia Penal Estadual e Federal, criadas recentemente pela Emenda Constitucional (EC) 104, que pelo texto, os quadros da nova corporação serão compostos pela transformação dos cargos dos atuais agentes penitenciários e equivalentes. Dessa forma, todas as instituições policiais fazem parte do Poder Executivo de qualquer um dos governos federal ou estadual.

---

1 LIMA, Roberto Kant de. *A polícia da cidade do Rio de Janeiro*: seus dilemas e paradoxos. Rio de Janeiro: Forense, 1995.

Assim, vamos focar nossa atenção ao Modelo Estadual de Polícia, por ser de fato responsável pela preservação da lei e da ordem dentro dos Estados, em suas respectivas funções, a Polícia Militar e a Polícia Civil ou Polícia Judiciária.

Entretanto é importante destacar, que nos Estados Democráticos de Direito mundo afora prevalece o modelo de polícias de ciclo completo, adotado na Europa, América do Norte e América do Sul, com exceção de quatro países no mundo: República de Cabo Verde, República Guiné-Bissau, Turquia e Brasil, todos os demais adotam o ciclo completo para as suas polícias, segundo Franco.[2]

2 Duas polícias: um modelo que não mais atende às necessidades da sociedade brasileira

De início é importante trazer a luz o entendimento majoritário sobre o conceito de "Ciclo completo de polícia" ou de "Polícia de Ciclo Completo" o qual abrange todos os aspectos de atuação policial, desde a fase onde se desenvolvem os atos de polícia ostensiva e de caráter eminentemente preventivo, em que se objetiva inibir o cometimento de delitos, passando pela repressão criminal imediata, com ações de controle e restabelecimento da ordem, chegando-se finalmente à etapa repressiva propriamente dita, em que a ação policial se concentra no trabalho investigativo e apuratório dos ilícitos penais.

O Ciclo Completo de Polícia deve ser entendido como a atribuição das atividades de patrulhamento ostensivo e de investigação criminal a uma mesma organização policial, o que na prática, a expressão implica que a organização policial, seja federal, estadual

---

2 FRANCO, Diogo Botelho. "Polícia e Sociedade: de como a dicotomia civil-militar incapacita os organismos políticos na proposição de soluções factíveis ao aprimoramento da Segurança Pública no Brasil – a busca do Ciclo Completo de Polícia". *Conteúdo Jurídico*, Porto Alegre, 2015. Disponível em: https://conteudojuridico.com.br/open-pdf/cj052632.pdf/consult/cj052632.pdf. Acessado em: 26.10.2022.

ou municipal, tem em sua estrutura dois departamentos distintos, com suas respectivas chefias, porém ambos estão subordinados hierarquicamente à mesma autoridade, sendo essa mesma polícia tendo um segmento fardado que realiza o patrulhamento ostensivo nas ruas e outro segmento constituído de investigadores incumbidos de coletar das evidências de materialidade e autoria dos crimes eventualmente registrados.

Essa dualidade anacrônica de polícia no Brasil entre polícia ostensiva/polícia investigativa foi fixada pela Ditadura Militar, em 1969.

É importante enfatizar que essa dualidade polícia ostensiva *versus* polícia investigativa tornou-se foco crônico de ineficiência na atuação do Estado na provisão da Segurança Pública no Brasil, segundo pensamento predominante entre os pesquisadores de violência e criminalidade, assim verificam-se conflitos crônicos na definição de competências e na distribuição de recursos orçamentários; desarticulação da ação operacional; integração das polícias é mais a exceção do que a regra.

Segundo Lazzarini,[3] a não execução do ciclo completo pelas polícias brasileiras talvez seja o maior signo de ineficiência da atividade policial em nosso país, uma vez que por não cumprir o ciclo completo de polícia, com o policial-militar entregando diretamente à Justiça Criminal quem deva ser entregue, talvez seja um dos grandes males da legislação processual brasileira.

Por fim, é importante trazer a luz a Proposta de Emenda Constitucional n. 423/2014 em andamento no Congresso Nacional, a qual tem como base algumas proposições recebidas na 1ª Conferência Nacional de Segurança Pública, realizada em 2009 em Brasília e que estipula o ciclo completo de polícia como uma meta a

3 LAZZARINI, Álvaro. "A Segurança Pública e o Aperfeiçoamento da Polícia no Brasil". *Revista a Força Policial*, São Paulo, nº 5, jan.-mar. 1995.

ser alcançado a todas as policiais brasileiras através da inclusão de um novo parágrafo no art. 144 da Constituição Federal:

> § 10. Além das competências específicas, os órgãos e instituições policiais previstos nos incisos do *caput* deste artigo, realizarão a polícia única, consistente no ciclo completo de ação policial na persecução penal, exercendo cumulativamente as polícias administrativa, ostensiva, preventiva, investigativa, judiciária e de inteligência policial, sendo as atividades investigativas, na ação penal pública, independente da sua forma de instrumentalização, realizada em coordenação com o Ministério Público (...).

3 Investigação criminal no Brasil

Ciências Criminais que, com a ocorrência de uma infração penal, materializa-se o poder-dever de punir do Estado, cabendo a ele iniciar a *persecutio criminis* para aplicar a lei penal ao caso concreto. A investigação policial, seguida do processo penal, revela-se como instrumento que legitima o uso da força do Estado e se consubstancia como verdadeiro freio ao poder punitivo, que precisa ficar amarrado a rígidos limites.

Segundo Castro,[4] a persecução penal deve caminhar lado a lado com a franquia de liberdades públicas do cidadão, humanizando-se a função punitiva do Estado. Nada mais óbvio, se considerarmos que a dignidade da pessoa humana, enquanto valor jurídico fundamental da comunidade e reduto intangível do indivíduo, traduz o centro axiológico em torno do qual gravitam os direitos fundamentais, e a última fronteira contra quaisquer ingerências externas. Nesse prisma,

---

4 CASTRO, Henrique Hoffmann Monteiro de. "Missão da polícia judiciária é buscar a verdade e garantir direitos fundamentais". *Consultor Jurídico*, 14 jul. 2015. Disponível em: https://www.conjur.com.br/2015-jul-14/academia-policia-missao-policia-judiciaria-buscar-verdade-garantir-direitos-fundamentais#ftn1. Acessado em: 26.10.2022.

o Estado-Investigação nada mais é do que um meio cuja finalidade consiste na garantia de direitos fundamentais, sendo o postulado da dignidade para o Poder Público.

A Investigação Criminal no Brasil, também chamada de Investigação Preliminar em razão que posterior a sua fase há a investigação no Ministério Público e por fim "investigação preliminar judicial" ou sistema do "juiz instrutor". Dessa forma, a Investigação Criminal Policial é de atribuição da Polícia Judiciária a direção da investigação preliminar destinada a elucidar os crimes e levar seus autores a julgamento. A partir do conhecimento do fato delituoso, seja através da notícia do crime ou de qualquer outra fonte de informação, a autoridade policial encarregada instaura o procedimento administrativo próprio para o desenvolvimento de intensa atividade de apuração, a fim de colher os elementos probatórios necessários para formar a convicção do órgão de acusação, com exceção aos crimes de natureza militar, conforme descreve o Artigo 144, § 4º da Constituição Federal de 1988.

Cabendo a Polícia Judiciária Federal ou Estadual, neste caso as Polícias Civis de cada Estado, a traçar as diretrizes da investigação, vale dizer: definir os atos a serem praticados (ouvida do ofendido e do indiciado; oitiva de testemunhas; determinação de perícias, inclusive o exame de corpo de delito; identificação do indiciado e também como, quando e de que forma serão praticados). Caso necessite restringir direitos individuais, fará representação junto órgão judicial de pedidos cautelares de buscas e apreensões, prisões cautelares, interceptações telefônicas e telemáticas visando instruir a investigação policial.

Dessa forma, segundo Lopes Junior,[5] a Polícia Judiciária, neste contexto, não é auxiliar da investigação criminal, mas seu titular. Preside a investigação preliminar, dirige a apuração das infrações penais e de sua autoria com autonomia, não se subordinando funcionalmente ao Poder Judiciário, nem ao Ministério Público. Assim,

5 LOPES JUNIOR, Aury. *Sistemas de investigação preliminar no processo penal*. 2ª ed. Rio de Janeiro: Lumen Juris, 2003.

a natureza do procedimento investigatório realizado segundo esse sistema é meramente "administrativa".

Os órgãos de Polícia Judiciária, apesar do nome, não estão integrados ao Poder Judiciário, tampouco são dotados de poder judicial. Integram a estrutura do Poder Executivo, sendo, portanto, órgão da Administração Pública. O exemplo mais próximo desse sistema é o inquérito policial brasileiro, regulamentado nos artigos 4° a 23 do Código de Processo Penal vigente.

Ainda para Lopes Junior,[6] o sistema adotado no Brasil está em crise, devido à não satisfação da acusação, da defesa e do magistrado com os elementos fornecidos pelo inquérito policial. Contudo, o autor ainda aduz que alguns sistemas de investigação preliminar são apenas "formalmente" judiciais ou ministeriais, em face da realização dos atos investigatórios pela polícia. Entretanto, por ser o Brasil um país de dimensões continentais, a polícia é o órgão que mais tem condições de atuar em todo e qualquer lugar do território nacional, com uma abrangência bem maior que a do juizado de instrução ou do promotor investigador, dessa forma, a investigação preliminar policial confere um maior alcance à persecução penal, entretanto, essa "presteza" nem sempre se traduz em "eficiência".

3.1 Inoperância investigativa

Segundo o IPEA/FBSP,[7] as taxas de esclarecimento dos crimes letais, com exceções raras e alguma variação expressiva entre Estados, ou sequer são conhecidas e divulgadas, ou são pífias. Eis um exemplo tão expressivo quanto infausto: no estado do Rio de Janeiro, o Instituto de Segurança Pública, órgão oficial da secretaria estadual de segurança responsável pela produção de dados, divulgou em dezembro de 2006, que a Polícia Civil esclarecia (isto

---

6 LOPES JUNIOR, Aury. *Sistemas de investigação preliminar no processo penal*. 2ª ed. Rio de Janeiro: Lumen Juris, 2003.

7 IPEA; FBSP. *Atlas da violência 2019*. Rio de Janeiro, 2019.

é, investigava com sucesso, identificando autoria) apenas 1,31% dos homicídios dolosos.

Por sua vez, a ENASP,[8] na Estratégia Nacional de Justiça e Segurança Pública, do Relatório Nacional da Execução da Meta 2: um diagnóstico da investigação de homicídios no país, referente aos inquéritos de homicídios instaurados no Brasil, até 31 de dezembro de 2007, documento este publicado em 2012, destaque que o índice de elucidação de crimes letais intencionais contra a vida no Brasil, não passa de 5%. Números extremamente baixos, se levarmos em conta que cerca de 95% desses hediondos crimes letais intencionais contra a vida ficam impunes, ou seja, o Estado, nem sequer consegue identificar seu autor, quanto mais levar o mesmo ao Tribunal do Júri, cujo percentual é ainda menor, mas essa discussão será palco de um outro estudo.

Nesse diapasão, a ENASP,[9] no referido relatório, traz mais dados alarmantes ao afirmar que em 2007, no Brasil, os inquéritos que tinham o mínimo de quatro anos de antiguidade e que ainda não tinham sido concluídos. Sendo possível identificar 134.944 inquéritos por homicídios dolosos instaurados até 31/12/2007 e ainda não finalizados. Dessa forma, após um ano de trabalho da Meta 2, foi possível oferecer denúncia à justiça de um total de 8.287 inquéritos, o que representa 6,1% do estoque inicial. Como conclui o mesmo documento,

> O índice de elucidação dos crimes de homicídio é baixíssimo no Brasil. Estima-se, em pesquisas realizadas, inclusive a realizada pela Associação Brasileira de Criminalística, 2011, que varie entre 5% e 8%. Este percentual é de 65% nos Estados Unidos, no Reino Unido é de 90% e na França é de

8 ENASP. *Relatório Nacional da Execução da Meta 2*: um diagnóstico da investigação de homicídios no país. Brasília: Conselho Nacional do Ministério Público, 2012.

9 ENASP. *Relatório Nacional da Execução da Meta 2*: um diagnóstico da investigação de homicídios no país. Brasília: Conselho Nacional do Ministério Público, 2012.

> 80%. A quase totalidade dos crimes esclarecidos decorre de prisão em flagrante e da repercussão do caso nos meios de comunicação. As delegacias de polícia, por inúmeras causas, dedicam-se apenas aos homicídios novos. A imensa maioria dos inquéritos acaba paralisada nas delegacias de polícia, em situação de arquivamento de fato, o que contraria a legislação processual penal, que estabelece a necessidade de proposta do Ministério Público e acolhimento pelo juiz para os casos de arquivamento. Diante dos altos índices de violência e dos inúmeros casos noticiados na imprensa, o crime de homicídio vem sendo percebido com cada vez menos perplexidade, apesar da sua gravidade.[10]

Por sua vez, o IPEA,[11] confirma o que foi constatado pela ENASP, em seu Relatório de Pesquisa relativo à Aplicação de Penas e Medidas Alternativas realizado em parceria com o Departamento Penitenciário Nacional (Depen) e do Conselho Nacional de Justiça (CNJ), o qual teve a participação de diversos pesquisadores em todas as suas etapas, afirma que no Brasil, apesar de a legislação indicar a necessidade de instauração de inquérito policial sobre todas as notícias-crime, na prática, não é bem isso o que acontece em uma delegacia de polícia. Nem todas as notícias de crime se convertem em BO (Boletim de Ocorrência) e nem todas as ocorrências são transformadas em Inquéritos Policiais.

Fatores ligados à repercussão do crime e ao *status* social das vítimas contribuem significativamente para a instauração dos inquéritos, mas, de forma geral, a lógica de seleção dos casos refere-se muito mais à necessidade que os delegados e agentes de polícia têm de administrar o volume de trabalho. Assim, havendo informações suficientes no BO (Boletim de Ocorrência), instaura-se inquérito sem

---

10 ENASP. *Relatório Nacional da Execução da Meta 2*: um diagnóstico da investigação de homicídios no país. Brasília: Conselho Nacional do Ministério Público, 2012, p. 22.

11 IPEA. *A aplicação de penas e medidas alternativas*. (Relatório de Pesquisa). Rio de Janeiro, 2015.

a realização de investigação. Do contrário, arquiva-se a ocorrência. Portanto, a investigação criminal não é uma regra, mas uma exceção, conforme pode-se observar na Tabela abaixo.

Tabela - Varas Criminais: Inquéritos instaurados no Brasil

Origem Processo Penal	Percentual %
Flagrante (Auto de Prisão em Flagrante)	59,2%
Portaria	34,8%
Outro (representação, de ofício da Autoridade Policial etc.)	6%
Total	100%

Fonte: IPEA (2015). Adaptado por: Roberto José da Silva.

Verificando o conjunto dos processos analisados nesta pesquisa, constata-se que 59,2% deles foram instruídos por um inquérito instaurado a partir da prisão em flagrante dos suspeitos e 34,8% a partir de inquéritos iniciados por portaria. Além disso, em 6,0% dos casos os acusados já se encontravam presos por motivos alheios ao processo. Ou seja, em 64,4% dos processos analisados os acusados já se encontravam presos no momento da instauração dos inquéritos policiais. Por fim, "a ausência de eficiência na persecução penal e a consequente impunidade são fatores que contribuem para o aumento do número de homicídios" (grifo nosso), vaticina a ENASP.[12]

Aqui, cabe frisar os seguintes destaques em relação ao trabalho de um servidor de Polícia Civil:

– Escrivão de Polícia Civil, em regra, não cumpre Mandado de Prisão, não realiza custódia de presos a serem autuados, não comparece aos locais de crime, não participa de campanas, dentre outras atribuições.

12 ENASP. *Relatório Nacional da Execução da Meta 2*: um diagnóstico da investigação de homicídios no país. Brasília: Conselho Nacional do Ministério Público, 2012.

– Inspetor/Investigador de Polícia Civil não registra Termo Circunstanciado de Ocorrência – TCO, não procede oitivas, não recebe inquéritos do judiciário, dentre outras atribuições.

Considerações finais

É nesse contexto de um cenário da Política de Segurança Pública no Brasil que se percebe um forte sentimento de insegurança e sensação de impunidade em razão da percepção da violência e a criminalidade no país, em razão do constante aumento no número de homicídios e crimes praticados com violência, bem como, de maneira geral, o alto **índice de criminalidade** e os baixos índices de elucidação dos delitos.

Por outro lado, apesar de sabermos que a política de Segurança Pública vislumbra nuances como a prevenção primária a violência, a prevenção situacional a violência, dentro de um olhar sistêmico de processo do fenômeno da violência, então, faz-se necessária uma atuação eficiente e qualificada das polícias no país.

Mas como atuar de forma qualificada com um sistema dual e anacrônico, assim, é nessa perspectiva do debate do ciclo completo de polícia, o qual, uma vez implantado, poderá trazer benefícios para a Segurança Pública e para a sociedade, isso porque seu modelo é mais eficiente e eficaz no combate à criminalidade, possibilitando alcançar melhores resultados.

Por fim, quando questionado da possibilidade de uma Polícia Militar e uma Polícia Civil dentro de um sistema de Segurança Pública com o ciclo completo de polícia, a resposta é positiva, entretanto, preciso repensar o modelo militarizado e hierarquizado de polícia, que é oposto a autonomia de função que um policial, de ciclo completo, deve ter.

No Brasil, em razão desse modelo anacrônico e da falta de investimentos e valorização profissional temos um elevado índice de impunidade com a média de elucidação dos crimes fica entre 4% a 5%, enquanto isso nos países de ciclos completos como Estados Unidos, a **média de elucidação dos crimes é de 66,54%,** França é de 80%, Reino Unido (Escócia, Inglaterra, Irlanda do Norte e País de Gales) as médias giram em torno de 90%.

Referências bibliográficas

ANDRADE, Scheilla Cardoso Pereira de. *Polícia Bipartida*: uma reflexão sobre o Sistema Policial Mineiro. Belo Horizonte: Escola de Governo da Fundação João Pinheiro, 2006. (Dissertação de Mestrado em Administração Pública).

BECCARIA, Cesare. *Dos delitos e das penas*. Trad. José Bushatsky. São Paulo: Martin Claret, 1978.

BRASIL. Ministério da Justiça. Secretaria Nacional de Segurança Pública. *Doutrina Nacional de Inteligência de Segurança Pública* (DENISP). Brasília, 2014.

BRASIL. *Constituição da República Federativa do Brasil de 1988*. Brasília, Senado Federal: Centro Gráfico, 1988.

CASTRO, Henrique Hoffmann Monteiro de. "Missão da Polícia Judiciária é buscar a verdade e garantir direitos fundamentais". *Consultor Jurídico*, 14 jul. 2015. Disponível em: https://www.conjur.com.br/2015-jul-14/academia-policia-missao-policia-judiciaria-buscar-verdade-garantir-direitos-fundamentais#_ftn1. Acessado em: 04.10.2019.

ENASP. *Relatório Nacional da Execução da Meta 2*: um diagnóstico da investigação de homicídios no país. Brasília: Conselho Nacional do Ministério Público, 2012.

FERREIRA, Helder Rogério Sant'Ana; MARCIAL, Elaine Coutinho. *Violência e segurança pública em 2023*: cenários exploratórios e planejamento prospectivo. Rio de Janeiro: Ipea, 2015.

FRANCO, Diogo Botelho. "Polícia e Sociedade: de como a dicotomia civil-militar incapacita os organismos políticos na proposição de soluções factíveis ao aprimoramento da Segurança Pública no Brasil – a busca do Ciclo Completo de Polícia". *Conteúdo Jurídico*, Porto Alegre, 2015. Disponível em: https://conteudojuridico.com.br/open-pdf/cj052632.pdf/consult/cj052632.pdf. Acessado em: 26.10.2022.

IPEA; FBSP. *Atlas da violência 2019*. Rio de Janeiro, 2019.

IPEA. *A aplicação de penas e medidas alternativas*. (Relatório de Pesquisa). Rio de Janeiro, 2015.

LAZZARINI, Álvaro. "A Segurança Pública e o Aperfeiçoamento da polícia no Brasil". *Revista a Força Policial*, São Paulo, nº 5, jan.-mar. 1995.

LIMA, Roberto Kant de. *A polícia da cidade do Rio de Janeiro*: seus dilemas e paradoxos. Rio de Janeiro: Forense, 1995.

LOPES JUNIOR, Aury. *Sistemas de investigação preliminar no processo penal*. 2ª ed. Rio de Janeiro: Lumen Juris, 2003.

SILVA, Roberto Jose da. *Produtos de Polícia Judiciária no estado da Bahia*: análise de custeio e proposta de otimização. Itabuna: UniFTC, 2020. (Monografia de Graduação em Direito).

CAPÍTULO VII

RACISMO ESTRUTURAL E SEGURANÇA PÚBLICA NO BRASIL

A Segurança Pública, aliada ao racismo estrutural, constituiu a idealização de uma política criminal que segrega, criminaliza e encarcera em massa a população negra.

TAMIRES GOMES SAMPAIO

O sistema de Segurança Pública brasileiro tem como base as estruturas e relações sociais construídas durante o período do Brasil Colônia e Império. Os mais de 300 anos de um sistema escravocrata, somados a um processo abolicionista que não foi sucedido por políticas públicas de inserção da população negra na sociedade, resultam na estruturação do racismo que gera consequências até hoje.

Segurança Pública, aliada ao racismo estrutural, constituiu a idealização de uma política criminal que, nos dias de hoje, segrega, criminaliza e encarcera em massa a população negra. E, além disso, objetifica e naturaliza a tortura e a morte desse povo.

James Holston, em Cidadania Insurgente, analisa o modo com que foi construída a concepção de cidadania no país. Holston observa que, a partir do período colonial, foi gerada uma cidadania característica, em que a maioria da população tinha seus direitos políticos excluídos e que levou, a partir da luta pelo direito à cidade, à insurgência de uma nova forma de cidadania contemporânea. Sua característica é a definição discriminada da distribuição de direitos por categorias específicas da população. A discriminação do exercício do direito à cidadania atinge as pessoas por critérios sociais, políticos, civis e espaciais, como mulheres, negros e afrodescendentes, analfabetos, pessoas de baixa renda e/ou sem acesso à propriedade no campo ou na cidade.

Ao mesmo tempo em que exclui a população mais pobre e negra, há o benefício de grupos seletos, chamados de elite, que se perpetuam no poder e garantem a manutenção de uma estrutura social hierarquizada, baseada no processo de racialização, garantindo, assim, seus privilégios em detrimento de outros grupos discriminados.

Ao analisarmos o sistema de Segurança Pública no Brasil, podemos perceber que a população negra é alvo de criminalização e segregação social até hoje, de forma sistemática e, em especial, por meio da chamada guerra às drogas, que inclui o encarceramento em massa e o extermínio advindo em grande parte da letalidade policial.

Mais de 100 anos após o fim da escravidão, vivemos em uma sociedade em que, de acordo com dados do IBGE relativos a 2016, 54,9% da população brasileira é negra (soma de 46,7% autodeclarados pardos e 8,2% pretos), porém a presença de negros nas universidades como professores é de apenas 16% e, nos cursos das 40 carreiras com mais alunos, apenas 42% dos matriculados são negros; a porcentagem cai para 27% nos cursos das 10 principais carreiras.

No parlamento, a representação também é escassa: dos 513 deputados federais eleitos em 2018, 24,36% se autodeclaram negro, enquanto a presença de negros em profissões consideradas de elite mal ultrapassa o índice de 10%. Nas periferias, entre as profissões com os piores índices de insalubridade e nos trabalhos informais, a maioria é de negros, ultrapassando o índice de 74%.

Quando comparamos os índices de indicadores sociais com pesquisas em relação à Segurança Pública, como o Atlas da Violência 2021, percebemos que a principal face da desigualdade racial no Brasil é a forte concentração de homicídios na população negra. De acordo com dados do Sistema de Informação de Mortalidade do Ministério da Saúde (SIM/DATASUS), publicados neste relatório, houve 45.503 homicídios no Brasil em 2017, dos quais 51,3% eram jovens e 77% negros.

Silvio Luiz de Almeida destaca que

> racismo é uma forma sistemática de discriminação, cujo fundamento é a raça, manifesta-se de forma consciente ou inconsciente, e que resulta em desvantagens ou privilégios para indivíduos, de acordo com o grupo racial a que pertencem.

No caso da população negra, com base nos dados apresentados, a discriminação e desvantagens são explicitas.

O racismo possui o poder como elemento central e é essencialmente caracterizado pela dominação. O racismo estrutural é uma decorrência da estrutura da sociedade, que normaliza e concebe como verdade padrões e regras baseadas em princípios discriminatórios da raça. O racismo é, portanto, fruto de um processo social, histórico e político, que desenvolve mecanismos para que pessoas ou grupos sejam discriminados de forma sistemática.

O racismo, conforme explica Almeida,[1] só consegue se perpetuar se for capaz de produzir um sistema de ideias que forneça uma explicação "racional" para a desigualdade racial, bem como se construir sujeitos cujos sentimentos não sejam completamente abalados diante da discriminação e da violência racial.

O racismo é regra, e não exceção, de tal modo que a única forma de uma instituição combater o racismo de fato é pela implementação de políticas antirracistas efetivas. A utilização do termo estrutura não significa que seja uma condição incontornável, mas que

---

1 ALMEIDA, Silvio Luiz de. *O que é racismo estrutural?* Belo Horizonte: Letramento, 2018.

o racismo, como processo histórico e político, cria condições sociais para que, direta ou indiretamente, grupos racialmente identificados sejam sistematicamente discriminados.[2]

O racismo constrói todo um aparato imaginário social, reforçado a todo momento pelos mais diversos meios de comunicação, pela indústria cultural e de moda e pelo sistema educacional. A ideologia, mais do que a representação de uma realidade, é uma prática. Não basta ensinar e disseminar os ensinamentos de autores racistas, como Nina Rodrigues ou Cesare Lombroso, é necessário que as ideias desses autores racistas sejam acompanhadas por uma estrutura social que englobe, nas escolas, professores, direção e pessoas consideradas importantes brancos.

É também assim que acontece a construção da imagem do homem negro como um criminoso em programas jornalísticos sensacionalistas e sua representação em novelas e filmes. Sem que o sistema de justiça criminal fosse seletivo, sem a criminalização da população negra ou a guerra às drogas, não seria possível a construção dessa imagem social através dos meios de comunicação.

Além disso, no Brasil, a própria indiferença em alguns estudos econômicos e sociais em relação à raça foi fundamental para a constituição do imaginário racista, pois, sem dados objetivos e sem críticas, a discriminação racial que ocorre nas relações sociais se apresentará como algo "normal" e corriqueiro.

O racismo é uma ideologia e parece claro que é passível de transformação, a partir do momento em que consideramos que toda ideologia pode ser substituída se estiver ancorada em práticas sociais concretas. Jovens negros são assassinados a cada 23 minutos no Brasil, o que não é comoção nacional, pois os sistemas político, jurídico e econômico perpetuam a ideia de que vidas negras são descartáveis e de que os negros, desde a abolição da escravidão, permanecem

2 ALMEIDA, Silvio Luiz de. *O que é racismo estrutural?* Belo Horizonte: Letramento, 2018, p. 39.

considerados como coisa. Assim como a representação subalterna das mulheres negras nas mídias, que caso não se refletisse em uma estrutura de práticas efetivas de discriminação, haveria protestos a cada vez que uma delas fosse representada de forma pejorativa ou de pouco prestígio social.

A par de uma ordem sistemática que criminaliza a cultura, encarcera em massa e extermina a população negra no Brasil, está a necropolítica, baseada inclusive em ausências, cuja lógica determina que a população negra deve morrer.

A partir dos ensinamentos de Achille Mbembe, podemos avaliar que a necropolítica pode ser observada nas análises de acesso a políticas públicas, no mercado de trabalho e nos índices nas salas de aula, em contrapartida ao perfil dos presos e aos dados de homicídios contra a população negra, em especial a juventude.

Baseada na tese de Mbembe, defendo a hipótese de que no Brasil, a intenção de destruir a população negra ao todo ou em parte reflete-se nas ações e omissões do Estado brasileiro, ou seja, é alicerçada na necropolítica no Brasil. O genocídio contra a população negra não é baseado na intenção individual de determinada pessoa ou grupo, mas em uma política de Estado que promove a reprodução do racismo estrutural por meio da necropolítica, considerando a política de criminalização, a discriminação no mercado de trabalho, nas mídias, no judiciário, de encarceramento e homicídios em massa da população negra.

O racismo é um mecanismo sistemático de controle discriminação, cujo fundamento é a raça, manifestando-se consciente ou inconscientemente e resultando em desvantagens ou privilégios para indivíduos, de acordo com o grupo racial a que pertencem. No caso da população negra, com base nos dados apresentados, a discriminação e desvantagens são explicitas.

Da mesma forma, a construção da imagem do homem negro como um criminoso nos programas jornalísticos sensacionalistas e na representação promovida em novelas e filmes. Sem que o sistema de justiça criminal seja seletivo, sem a criminalização da população negra ou a guerra às drogas, não seria possível a construção dessa imagem social através dos meios de comunicação.

O racismo é uma tecnologia do poder e a Soberania torna-se o poder de produção da morte, de fazer viver ou deixar morrer. Todos os serviços públicos são exemplos do poder estatal sobre a manutenção das vidas das pessoas, e sua ausência é necessariamente o deixar morrer. Foucault denomina esse exercício de poder sobre a vida que o Estado possui de biopoder e o racismo exerce um papel central para a justificativa e manutenção do poder sobre a vida das pessoas.

A política criminal brasileira, bem como a lógica operada pela Segurança Pública, baseadas na prevenção do risco e manutenção da ordem, são responsáveis pela sistemática criminalização e exclusão dos negros e pobres em nosso país, principalmente da juventude negra, em uma sociedade que é estruturalmente racista.

É urgente e necessária uma transformação no sistema e na política de Segurança Pública no Brasil e, a partir disso, uma transformação profunda nas estruturas sociais brasileira. Enquanto o racismo for um fator determinante em nossa Política, Economia e no Direito, que se justifica por meio da ideologia, a criminalização de uma parcela da população e a segurança de poucos se sobressairão aos direitos de muitos.

O direito à segurança em um Estado Democrático deve existir em função dos direitos fundamentais. Ou seja, a segurança de todos somente poderá ser garantida se for direcionada à defesa e garantia dos direitos sociais e da cidadania.

Transferir a concepção de segurança a uma das suas vertentes, que é a segurança cidadã, tem como consequência o reconhecimento de que, quando se fala em segurança como direito de todos, deve-se entender que todos os cidadãos devem ser destinatários das ações (políticas de segurança) encampadas pelo Estado e devem ter respeitados seus direitos individuais e a sua condição de cidadão, e não que cada um dos cidadãos tenha o direito fundamental de não ser vítima de crimes ou violência, ou seja, de estar absolutamente protegido e seguro de outras pessoas o tempo todo.

O sistema de segurança nunca será verdadeiramente público e eficaz enquanto se basear na manutenção da ordem e prevenção dos riscos e em uma lógica privada de segurança para apenas uma parcela.

As respostas à Segurança Pública devem ser construídas baseadas na democracia, na Constituição de 1988, garantia de direito a todos os cidadãos. A construção de uma segurança cidadã alicerça-se na proteção do cidadão como serviço público, com instituições de controle civis e não militarizadas.

Uma reforma no sistema de Segurança Pública é necessária para que seja construído um sistema de Segurança Pública cidadã, em que a cor da pele ou o *status* social não sejam determinantes no processo de criminalização, e em que a manutenção da ordem não seja a prioridade. A manutenção do *status quo* social é o principal gerador de desigualdades e de criminalização, e a Segurança Pública no Brasil deve ser baseada na proteção e na promoção da cidadania, garantindo – e não restringindo – os direitos da população como um todo.

Referências bibliográficas

ALMEIDA, Silvio Luiz de. *O que é racismo estrutural?* Belo Horizonte: Letramento, 2018.

CAPÍTULO VIII

POLÍCIA E RACISMO NO BRASIL: DESAFIOS DE UMA AGENDA POLÍTICA

Os altos índices de homicídio, o exponencial crescimento da população carcerária e os sistemáticos casos de violência policial caracterizam um quadro que põe em risco as instituições e ameaça a vida democrática.

FELIPE DA SILVA FREITAS

O debate sobre Segurança Pública no Brasil é tema fundamental da agenda democrática. Os altos índices de homicídio, o exponencial crescimento da população carcerária e os sistemáticos casos de violência policial caracterizam um quadro que põe em risco as instituições e ameaça a vida democrática. O medo disseminado entre as comunidades populares e a proliferação de discursos de ódio patrocinados no âmbito do populismo político e do autoritarismo social formam um perigoso cenário de violência em que desigualdades se maximizam e pessoas e grupos sociais historicamente excluídos são, ainda mais, postos na mira da violência letal.

Os números não deixam dúvida sobre a profundidade do problema. De acordo com o projeto Monitor da Violência, em 2020, mesmo com a pandemia e com as medidas de distanciamento adotadas pelos Estados, o Brasil teve uma alta de 5% nos assassinatos na comparação com 2019. Foram registradas segundo o levantamento juntos aos governos estaduais 43.892 mortes violentas contabilizando vítimas de homicídios dolosos (incluindo os feminicídios), latrocínios e lesões corporais seguidas de morte.

No mesmo período, preocupa também o número de pessoas mortas por policiais militares e civis da ativa em serviço ou de folga. Em 2020 os dados demonstram que 5.660 pessoas foram mortas por forças policiais, três por cento a menos que no ano anterior, mas ainda num patamar totalmente inaceitável. Amapá, Bahia, Pará, Sergipe e Rio de Janeiro apresentaram no período as maiores taxas morte por policiais.

Mas, por que tal cenário é tão persistente e naturalizado entre nós? Por que dados típicos de sociedades em guerra são incapazes de mobilizar amplos setores sociais ou de catalisar mudanças na luta contra o autoritarismo?

O racismo explica parte importante desta realidade. O passado/presente escravista e as escolhas políticas que mantém pessoas negras afastadas do exercício da cidadania e da participação política plena são parte importante da explicação dos problemas vividos no campo da Segurança Pública; dos polícias e dos direitos humanos.

São casos que nos revelam, de modo muito cruel, que a vida negra vale muito pouco no Brasil e que chacinas, massacres, linchamentos e execuções de corpos negros não são capazes sequer de impor momentos de luto nacional. Os corpos seguem no chão e o país continua funcionando, ou melhor, é como se o próprio funcionamento das instituições e dos seus arranjos com o poder privado se alimentasse destas violências.

A comoção não passa de uma ou duas semanas de matérias na imprensa e atos promovidos solitariamente pelo movimento negro. Não há uma sensibilidade social coletiva e ampla em torno destas mortes. A dor negra não gera empatia no imaginário nacional e o Brasil passa a contar os dias para que a próxima tragédia seja registrada. É algo enlouquecedor.

A construção de saídas passa, fundamentalmente, pelo alargamento do debate público sobre a cidadania negra e pela maximização das formas de controle social sobre as instituições, com destaque para as polícias. Trata-se do desafio de avançar na agenda das reformas constitucionais por meio de forte debate público sobre a violência institucional e sobre os protocolos para atuação policial.

Nesta agenda, três aspectos parecem especialmente importantes: o papel do Ministério Público no controle externo da ação da polícia nos termos previstos pela Constituição de 1988, o papel dos órgãos internos de controle das forças policiais, com destaque para o papel das Ouvidorias de Polícia Independentes e das ações dos movimentos sociais na fiscalização e monitoramento das abordagens, das operações e da letalidade policial e, por fim, através da questão da validação judicial do trabalho da polícia, notadamente no âmbito da identificação e apuração dos casos de torturas, abusos e maus tratos na ação policial.

Nesta perspectiva, destaco o significativo debate levantado no âmbito do Supremo Tribunal Federal por meio da ADPF 635 (Arguição de Descumprimento de Preceito Fundamental), conhecida como ADPF das Favelas. Nesta ação as organizações da sociedade civil e partidos do campo democrático popular requerem ao Poder Judiciário que reconheça a estrutural violação de direitos humanos vivida pela população negra e pobre das favelas cariocas em face dos recorrentes e sistemáticos abusos perpetrados pela força policial.

Na ADPF 635 se requer que o Supremo determine medidas que parâmetros internacionais no enfrentamento da violência policial sejam reconhecidos pelo Estado brasileiro e que sejam adotadas medidas fundamentais para a redução da letalidade e da violência policial como, por exemplo, imediata elaboração de um Plano de Redução da Letalidade Policial; determinação de que o estado do Rio de Janeiro instale equipamentos de GPS e sistemas de gravação de áudio e vídeo nas viaturas policiais e nas fardas dos agentes de segurança, com o posterior armazenamento digital dos respectivos arquivos e a publicidade de todos os protocolos de atuação das polícias fluminenses, possibilitando-se o controle da atuação policial. Trata-se de um rol bastante intuitivo de medidas propostas pelas organizações de favela que, ao mesmo tempo, indicam o conhecimento acerca das repostas possíveis para o tema da violência no Brasil e, por outro lado, denota as resistências de governos e autoridades do Poder Judiciário em adotar medidas capazes de interromper a matança em nome do Estado.

Sem dúvida, não se trata de panaceia ou na crença de que é fácil reformas as polícias, sua prática e sua cultura institucional. Tampouco trata-se aqui da aposta em saídas gestadas artificialmente pelo Judiciário sem a pactuação política devida. O que se vislumbra no debate em curso no STF sobre ação policial são pistas, levantadas pelas organizações do movimento negro e do movimento de favelas, que indicam para meios políticos de enfrentamento da questão e para e necessária e urgente fiscalização por meio da sociedade civil.

A polícia que temos é produto das decisões políticas que construímos enquanto sociedade e é herdeira direta do racismo, motor da violência e base de sustentação de fortes interesses e ideários nacionais. Não haverá saídas se não levarmos o racismo a sério e se não construirmos – por meio da política – uma agenda ampla de democratização das polícias, de enfrentamento ao racismo e de regulação dos meios e instituições de estatais de uso da força.

CAPÍTULO IX

NOTAS SOBRE O QUE É UMA POLÍCIA ANTIRRACISTA

É essencial pensar um projeto alternativo de Segurança Pública da perspectiva da gestão de políticas públicas, com bases concretas, pois assim fortalecemos os argumentos e desvendamos mitos.

YURI SILVA

Este artigo precisa começar com as minhas boas-vindas ao colega Benedito Mariano, coordenador do IREE Segurança Pública na Democracia, núcleo que já é, neste curto período de existência, grande parceiro do IREE Direitos Humanos, que eu coordeno. Escrever sobre um projeto de polícia antirracista, após participar do *webinar* ao lado de Benedito e dos brilhantes Tamires Gomes Sampaio e Felipe da Silva Freitas, é um desafio tão grande quando abordar o assunto discursivamente ao lado destes.

Acredito, contudo, que essa relevante reflexão deve partir do questionamento do que seria uma polícia antirracista. Como seria essa polícia? Penso assim pois acredito que o Brasil ainda é carente de conceituação de um projeto alternativo para a Segurança Pública, o que se trata, naturalmente, de um projeto que seja alternativo ao projeto racista e genocida que vige atualmente como parte de um sistema mais amplo de opressão contra o povo negro e despossuído.

É possível dizer que já sabemos o que não queremos, que é a polícia atual. Essa já conhecemos e já sabemos que ela tem caráter eminentemente racista e que ela é brutalmente letal para a população negra, sejam os civis ou os trabalhadores da Segurança Pública, que morrem em serviço e são submetidos a condições precárias.

Mas a gente sabe qual a polícia que a gente quer?

Creio ser essa uma reflexão importante, para que a gente se debruce sobre a construção de sínteses. Sínteses essas que não precisam ser a reinvenção da roda, considerando que já acessamos formulações de grandes especialistas sobre o assunto, que dão conta de apontar diretrizes importantes. Mas é necessário que a sociedade civil brasileira, de preferência junto com o Estado, pense sobre como fazer, como implementar e quais os resultados e metas almejados.

É essencial pensar um projeto alternativo de Segurança Pública da perspectiva da gestão de políticas públicas, com bases concretas que não sejam somente as bases das convicções, pois assim fortalecemos os argumentos e desvendamos mitos.

Nós sabemos que a Segurança Pública que a gente defende é cidadã, que ela deve ter bases democráticas, como bem frisa o nome do núcleo do IREE dedicado ao tema, e também sabemos que isso significa uma atuação pautada não no armamentismo do agente de segurança, mas sim na humanização da atuação do agente, no uso da inteligência, na valorização profissional.

Sabemos também que um projeto alternativo neste setor significa mudar os processos de formação do policial para que este não enxergue o cidadão como inimigo a ser abatido, como alvo, mas como merecedor de proteção; e que principalmente elimine as bases racistas do processo de construção da identidade e da forma de laborar do trabalhador da Segurança Pública.

Esses são problemas gerados desde a inserção do agente nas corporações, em especial na Polícia Militar, dando legitimidade e autorização para abordagens, por exemplo, que priorizam jovens homens negros, de idade específica, por tratar esse público, já tão vulnerabilizado socialmente, como um perfil suspeito.

Naturalmente, esses são elementos presentes fortemente no inconsciente social, que estão para além da Segurança Pública, do debate sobre as polícias, e se manifestam em todos os lugares e setores. Mas são também diretrizes da formação objetiva e cotidiana do profissional da Segurança Pública – onde reside a gravidade.

Sabemos também o custo que uma política de genocídio gera para a sociedade, para o Estado, do ponto de vista financeiro (quando o sistema de saúde é sobrecarregado) e do ponto de vista social principalmente (com a perda de vidas, de potenciais, além da destruição e desestruturação das famílias).

Sabemos ainda que temos acúmulos diversos na pesquisa acadêmica sobre vários aspectos referentes a modelos de Segurança Pública, ao debate de desmilitarização, que tem sua complexidade, mas faço questão de frisar que teorizar sobre uma Segurança Pública cidadã é diferente de aplicar na gestão, de transformar em política pública e de demonstrar, por meio de indicadores, a efetividade e eficácia.

Por isso que construir uma nova perspectiva de polícia, e consequentemente de Segurança Pública, passa por:

1. Entender as atribuições dos órgãos, sendo a segurança uma política de responsabilidade de Estados e municípios com funções diferentes em cada um deles. Ou seja, que os Estados têm o poder sobre as Polícias (Militar, Civil e técnica), sobre a gestão da Segurança Pública de uma forma geral, mas os municípios também exercem papel, com as guardas municipais, com caráter de proteção patrimonial, ainda que sofram com processos de militarização;

2. Que é importante abordar o papel dos municípios de prevenção à violência, compartilhado com os Estados. É por meio da efetivação de direitos, de políticas públicas de educação, saúde, iluminação pública, limpeza urbana, cultura, lazer e esporte que se promove a prevenção à violência em várias dimensões. Portanto, um município com evasão escolar baixa e nível alto de escolarização da sua juventude será obviamente um município com potencialidade de ser mais seguro, de evitar o crime;

3. Que, na mesma perspectiva de promoção de direitos, garantia do acesso à justiça, especialmente nos territórios vulneráveis; a recuperação dos espaços públicos urbanos; e políticas de monitoramento dos espaços públicos auxiliam na prevenção, evitando que haja a necessidade do combate;

4. Que uma política pública passa essencialmente pelos seus instrumentos, sendo indispensável o planejamento desta e a criação de um Plano Municipal de Segurança Pública e dos planos estaduais e a instituição de Conselhos de Segurança Pública que cumpram o papel de controle social e sejam espaço para promoção da participação social efetiva. A garantia desses mecanismos garante o monitoramento da política e o controle social pelos atores e atrizes diversos da sociedade civil, da academia, das organizações sociais. Na prática, fortalece a participação popular, que é, junto com o controle social, elemento indispensável de qualquer política pública, sobretudo se tiver caráter deliberativo, com poder de decisão sobre recursos.

Óbvio, essas questões são apenas algumas pinceladas do que poderia compor um programa alternativo de Segurança Pública. Naturalmente, um programa requer um detalhamento maior do que conseguimos abordar em um artigo ou em um Webinar. Mas refletir sobre já é bastante, diante também de produções que vêm sendo realizadas por organizações sociais, movimentos de reivindicação por direitos e acadêmicos nesta temática. Articular todo esse conteúdo é o desafio para a construção de uma saída concreta, robusta e que seja bem-sucedida na sua aplicação na realidade. Uma saída que aponte uma Segurança Pública antirracista.

CAPÍTULO X

O BRASIL PRECISA DE UM MINISTÉRIO DA SEGURANÇA PÚBLICA?

A segurança é extremamente abrangente. E por isso a necessidade de ter um Ministério dedicado ao tema, com especificidade, com dedicação exclusiva, fazendo a grande articulação entre os três níveis de governo: municipal, estadual e federal, e das várias áreas que devem compor um tema dessa magnitude.

GERALDO ALCKMIN

Recebi o honroso convite do Instituto para Reforma das Relações entre Estado e Empresa - IREE para participar do *webinar* "O Brasil precisa de um Ministério da Segurança Pública?", que contou com a presença do Presidente do IREE, Dr. Walfrido Warde e do Dr. Benedito Mariano, que foi Ouvidor das nossas polícias aqui em São Paulo e é o secretário de Segurança do Município de Diadema, importante Município de São Paulo e do Brasil.

O tema "O Brasil precisa de um Ministério da Segurança Pública" é tão importante quanto é a própria Segurança Pública.

Sou favorável à criação do Ministério da Segurança Pública. Segurança Pública é uma preocupação no mundo todo. É uma preocupação especialmente na América Latina e no Brasil, em razão da violência.

A primeira causa de mortalidade no Brasil é o coração e os grandes vasos. A segunda é o câncer. A terceira não é doença. Ali, empatado com doenças do pulmão, são as chamadas "causas externas". E entre elas desponta muito fortemente no Brasil a questão dos homicídios. É muito importante ter um Ministério voltado especificamente para a questão da Segurança Pública e fazendo uma boa parceria com os Estados e municípios.

As Guardas Civis podem ajudar muito na prevenção primária, na polícia de proximidade, na polícia comunitária. Polícia é ação no território. Muitos dos problemas que acabam na polícia são também problemas sociais. Então, agir também nas causas da violência é trazer o município para ser um grande protagonista, numa boa parceria com a União e com os Estados.

Importante no cenário nacional a retomada do PRONASCI – Programa Nacional de Segurança Pública com Cidadania, para que, entre outras coisas, possamos ter de volta uma gratificação para as nossas Polícias Estaduais, para podermos ter uma presença policial maior, onde se é mais necessária, e o governo federal ser o grande protagonista, porque crime não tem fronteira. Ele perpassa São Paulo, Minas Gerais, Rio de Janeiro e até países. Defendo também a atual Força Nacional se tornar uma Guarda Nacional de Caráter Permanente. Ela pode dar bons resultados, salvando vidas, protegendo as pessoas e trazendo mais segurança para a população brasileira, atuando principalmente nas fronteiras do país.

Nós temos um grande desafio, que é o combate ao tráfico de armas e ao tráfico de entorpecentes, ao tráfico de drogas. Vejo como extremamente necessário nós termos tecnologia para o combate ao crime transfronteiriço, uma boa integração com o Ministério da Defesa, que tem o SISFRON, e de outro lado, também, acordos internacionais. Nós precisamos fazer acordos internacionais, especialmente com países vizinhos, no sentido do efetivo combate ao tráfico de armas e ao tráfico de drogas.

É possível ampliar para a esfera federal a experiência dos Centros de Ressocialização de Presos que criamos em São Paulo. Não haverá Segurança Pública boa se não tiver um bom sistema penitenciário. É essencial para a Segurança Pública ter um bom sistema penitenciário. Uma vez conversei com a Polícia Civil e perguntei o que a gente poderia fazer a mais para poder ter uma investigação melhor, ter apuração melhor dos crimes, enfim, melhorar a Polícia Investigativa e Judiciária. E a resposta foi unânime: tirar os presos dos Distritos Policiais e das Delegacias de Polícia, primeiro, pelo aspecto humanitário.

Me lembro de um ex-presidiário lançando um livro no programa da Marília Gabriela. Ela perguntou para ele: "o que você viu de melhor e o que você viu de pior no tempo que ficou preso no estado de São Paulo?" Ele disse: "o de melhor foi a penitenciária de Pirajuí". Ali, perto de Bauru, porque é uma penitenciária fábrica. Lá fabricam os móveis da Secretaria da Educação, cadeiras e mesas. Todo preso, todo apenado trabalha, e a cada três dias de trabalho reduz um dia de pena. Então é um trabalho muito bonito. Ele elogiou muito. "E o que você viu de pior?" Ele falou: "não é penitenciária, é Distrito, é Cadeia". A expressão que ele usou foi: "você imagina entrar num elevador lotado? Você rapidamente quer sair do elevador. Agora imagine você morar, viver num elevador lotado. Isso é cadeia". Era um distrito policial. Nós praticamente zeramos em São Paulo os presos em Distritos Policiais, porque lá atrás, quando Mário Covas assumiu, metade dos presos estavam em penitenciárias e a outra metade em distritos policiais. Hoje, dos mais de 200 mil presos, são pouquíssimos em distritos policiais. Tiramos até a grade. Nem tem mais grade nos distritos. Esses espaços ficaram para o CONSEG, possibilitando melhor integração da polícia com a comunidade. Criamos os CDPs - Centros de Detenção Provisória para o preso que está aguardando julgamento. O preso, ao invés de ficar no distrito policial, fica nos Centros de Detenção Provisória.

Criamos os Centros de Ressocialização, na gestão do Doutor Nagashi Furukawa como secretário da Administração Penitenciária, que é um modelo, eu diria que um modelo bem-sucedido. São unidades menores, claro que com toda a segurança do Estado, mas você tem uma parceria com organizações não governamentais para poder fazer esse trabalho. Uma importante inserção junto à família, quer dizer, mantendo os laços com a família. Um trabalho de reeducação, no sentido de oferecer estudo, trabalho e toda a assistência. Os Centros de Ressocialização foram uma iniciativa bem-sucedida, assim como os Centros de Detenção Provisória que praticamente zeraram os presos nos distritos.

O resultado disso, desse esforço conjunto, foi que São Paulo tinha, em 1999, 35,2 homicídios por 100 mil habitantes, e um dos bairros da capital foi listado entre as regiões mais violentas do mundo. Naquele ano de 1999, foram assassinadas no Estado 13.133 pessoas, a maioria jovens da periferia; os mais pobres.

E nós fomos reduzindo os homicídios em 12 mil, 11, 10, 9, 8, 7, 6, 5, 4, 3... e no ano de 2021, foram 2.847 homicídios dolosos, mais de 80% de redução no Estado. De um a taxa de homicídios de 35,27 para 6,04. Aliás, Diadema é um importante exemplo desse trabalho. E esse trabalho continua. O doutor Mariano está fazendo lá um trabalho muito significativo de aproximação com a comunidade, de polícia comunitária e de integração entre a guarda civil municipal e as Polícias Estaduais.

Sou contra a liberação de armas. Está mais do que provado hoje, em estudos acadêmicos e com os profissionais de Segurança Pública, que as armas são a principal causa de violência. Nós precisamos ter com arma a polícia. A polícia existe para proteger a população e ela é preparada para isso. Ela é profissional. A arma às vezes é um risco.

Eu me lembro de um colega médico que gostava de arma e andava armado. Ele estava em sua cidade, num domingo, na zona rural, num bar, e entrou uma pessoa. O amigo falou: "olha, aquele camarada que roubou a minha caminhonete" e ele, armado, deu voz de prisão para o bandido. O que que aconteceu? Tinham dois lá fora. Ele foi assassinado na hora. Ou seja, quem é preparado para utilizar a arma, para fazer abordagem com uma técnica especial, é a polícia, que estuda o local, que é profissional. Então é um risco essa liberação absurda de armas, fora o risco de ter uma arma em casa com crianças. Entendo que nós temos que ter a polícia bem preparada, bem armada, com tecnologia e inteligência. Em São Paulo, trouxemos o DETECTA. Hoje, muitas prefeituras têm este sistema. Então, caiu o roubo de veículo em muitas cidades porque você detecta rápido o carro que está entrando ou saindo roubado. É inteligência e tecnologia.

Quanto mais você libera facilmente as armas, mais a arma chega na mão do bandido e aumenta a violência. A gente está vendo isso hoje na rua, nos semáforos. A pessoa ali, com o revólver, ameaçando os outros. Eu defendo a ação policial, profissional, tecnologia, inteligência, trabalho preventivo e uma boa integração com a sociedade. Uma das razões que o estado de São Paulo reduziu homicídios, pessoas mortas, homicídio doloso, de mais de 13 mil para menos de 3 mil, foi menos armas circulantes e claro, a eficiência policial.

As Ouvidorias de polícia são necessárias. Aliás, não só na polícia, mas nos mais variados setores da Administração Pública. Quem ouve mais erra menos. Governo moderno é governo que interage, não é autocracia. “Eu sei tudo, eu mando em tudo, é a minha vontade. Eu passo por cima da lei, ando à margem da lei”. Não. É democracia. Democracia é interagir com a sociedade, interagir com a população e as boas instituições, elas melhoram, elas se aprimoram ouvindo a sociedade e com as ouvidorias independentes. Aliás, Santo Agostinho dizia: “Prefiro os que me criticam, porque me corrigem, aos que me adulam, porque me corrompem”. Então, é importante entender a lógica do controle da sociedade e da melhoria das instituições. Esse é o verdadeiro objetivo. E a Ouvidoria da polícia precisa ter independência, embora seja o governador que escolha, mas a lista tríplice é um avanço, é você cada vez mais ser menos o dono da verdade e ter governos mais próximos da população e da sociedade.

Um desafio permanente é a questão da violência e da letalidade policial. Volto aqui à questão das armas: a razão da polícia é proteger as pessoas. As mulheres, as crianças, os jovens, os negros, os brancos, os idosos, os doentes, as pessoas com deficiência... é proteger as pessoas. Qual é o momento mais tenso? É o momento da abordagem. Por isso a necessidade de técnicas de abordagem, de inteligência policial, de tecnologia, para não expor o policial a riscos e cumprir esse dever do Estado de fazer justiça e proteger as pessoas.

As academias de polícia e as escolas de soldados, de sargentos, enfim, as academias, de maneira geral, têm o curso de direitos humanos. A Disciplina sobre Racismo Estrutural na formação dos policiais pode aprimorar a formação policial, pode melhorar atuação da polícia para diminuir a letalidade policial.

Eu acho que é importante, quando a gente fala que saímos em São Paulo de 13 mil assassinatos para 2.847, é evidente que as vidas salvas foram a maioria de jovens mais pobres, da periferia e negros. Então vidas estão sendo salvas. Agora, a letalidade policial, quanto mais reduzir, melhor. O ideal é que não existisse. E o problema sempre é a abordagem. E quanto mais os criminosos estiverem armados, maior o risco de um confronto. Por isso, voltamos à questão do combate duro que precisa ser feito do tráfico de armas e do tráfico de drogas.

Sou favorável às câmeras nas fardas dos policiais militares. Penso que o melhor caminho é o caminho da inteligência e da tecnologia. Nós já temos um sucesso de mais de 80% de redução de crimes contra a vida. E digo mais, a câmera, ela não só protege a sociedade, porque ela registra o momento e a atuação policial, mas ela protege também o policial, porque se o criminoso fizer uma acusação caluniosa, mentirosa em relação ao policial, o policial vai estar protegido com o registro do seu trabalho e da sua atuação. Então eu acho que é um avanço.

A saúde mental dos policiais vem se agravando porque, com a pandemia, com a Covid-19, nos últimos dois anos verificamos um agravamento das questões emocionais. Eu faço ambulatório lá no hospital das clínicas e vejo isso. É nítido. A gente vê um aumento da questão, uma piora das questões emocionais. Aumentou o estresse, aumentou a ansiedade, aumentou a depressão. Quer dizer, esse é um fato triste e que atinge a população em geral e o policial ainda mais, pelo tipo de atividade que ele exerce. Então, é importante a polícia ter um trabalho de saúde mental. É importante ter um acompanhamento da saúde dos policiais. Prevenção é promoção de saúde.

A primeira causa do óbito do policial militar é o "bico", é onde ele tem o maior problema. Por isso, criamos em São Paulo a "Atividade Delegada", que permite que ele tenha algumas horas a mais, recebendo por isso uma gratificação a mais, sem precisar fazer o bico. E estamos propondo na esfera federal que, através do PRONASCI, o governo federal também possa participar desse trabalho.

É preciso que o governo federal dê prioridade ao enfrentamento às organizações criminosas, com repressão qualificada e cortando o fluxo de dinheiro. Isso se dá com inteligência e investigação.

Em São Paulo, criamos as primeiras penitenciárias de segurança máxima com o regime disciplinar diferenciado, para isolar os líderes do crime organizado. Quero enaltecer o governo do Presidente Lula e do Ministro Márcio Thomaz Bastos, porque foi nesse período que o governo federal criou as primeiras penitenciárias federais. Importante a criação de uma Força Tarefa Permanente de Enfrentamento as Organizações Criminosas, composta pelas polícias da União, às Polícias Estaduais, guardas civis, o Ministério da Defesa, a Receita Federal, o GAECO do Ministério Público e também o Poder Judiciário. É preciso ter política de integração, ainda mais num país de dimensões continentais como o Brasil.

Temos também que agir nas causas da violência. O Papa Paulo VI tem uma frase lapidar: "o desenvolvimento é o novo nome da paz". Não há paz verdadeira onde não há emprego, onde não há oportunidade para as pessoas, então é preciso agir nas causas da violência, ter emprego, diminuir desigualdade, as pessoas poderem ter vida digna.

Atuar junto às áreas de maior vulnerabilidade, especialmente na questão social, trabalhar junto aos jovens para diminuir a vulnerabilidade juvenil. É impressionante como os jovens brasileiros correm risco de vida nas grandes cidades, nos finais de semana. Então, é importante levar cultura, levar esporte. Quando fui governador, criamos um programa chamado "Fábrica de Cultura", que foi para as regiões de maior violência. Onde tem mais vulnerabilidade juvenil. Foram levadas para as cidades e para as regiões da capital onde se faziam mais necessárias. Então, é agir nas causas da violência. Fazer uso adequado do solo. Está provado que os municípios têm papel fundamental na prevenção da violência, têm melhor planejamento urbano, urbanização e iluminação pública. Acesso ao transporte, enfim, agir nas causas também da violência, especialmente ter emprego, renda. "O desenvolvimento é o novo nome da paz", ou seja, a oportunidade para as pessoas poderem realizar a sua vocação de servir através da sua atividade profissional.

A Criação do Ministério da Segurança Pública é um tema relevante porque nós estamos falando de violência, infelizmente, que existe contra os negros, contra os jovens, contra as mulheres, contra às vezes os idosos, as pessoas com deficiência. Então, a segurança perpassa a questão da saúde pública, de salvar vidas, ela perpassa a questão educacional, pela empregabilidade. Ela é extremamente abrangente. E por isso a necessidade de ter um Ministério dedicado ao tema, com especificidade, com dedicação exclusiva a esse tema, fazendo a grande articulação entre os três níveis de governo: municipal, estadual e federal, e das várias áreas que devem compor um tema dessa magnitude.

CAPÍTULO XI

MILÍCIAS

Mais da metade do território da cidade do Rio era controlado por esses grupos milícias em 2019. A situação se revela ainda mais dramática quando o estudo contabiliza todos os grupos armados na cidade. Cerca de 3,76 milhões pessoas, mais do que a metade da população, vive sob o jugo de algum tipo de tirania.

BRUNO PAES MANSO

O modelo de negócio criminal das chamadas milícias começou a ganhar a configuração atual em meados dos anos 1990, a partir de duas regiões da Zona Oeste do Rio de Janeiro: Rio das Pedras, de urbanização recente, comunidade que começou a se formar no início dos anos 1960, durante o período de desenvolvimento dos bairros da Barra da Tijuca e Recreio, na região de Jacarepaguá; e Campo Grande e Santa Cruz, áreas mais antigas e distantes do centro e da Zona Sul, núcleos suburbanos que se formaram junto à linha do trem da Central do Brasil ainda no período do Império. O fortalecimento dos grupos para militares armados no entorno dessas regiões ocorreu depois dos anos 2000, quando policiais e agentes públicos passaram a replicar esses modelos criminosos bem-sucedidos em outros territórios do entorno, buscando ganhar dinheiro com negócios ilegais, a partir do controle armado desses espaços e dos mercados locais, atuando em ramos variados, como transporte alternativo, venda de imóveis, cobrança de taxas, venda de gás a preços mais alto que o do mercado, entre outros empreendimentos ilegais.

O fortalecimento desses grupos se deveu a conexões de suas lideranças com o poder político do Estado, tanto na área da segurança como na da Justiça. As milícias também souberam exercer o controle político desses territórios a partir do controle da associação de moradores e da prestação de serviços assistencialistas para a população local. Essa força paramilitar armada nos territórios – dividida em diferentes quadrilhas – cresceu na medida em que os integrantes desses grupos passaram a arrebanhar os votos para candidaturas de políticos locais, ampliando sua capacidade de infiltração nas instituições do Estado – principalmente no Parlamento e no Executivo. Fundamental para a força política desses grupos é a parceria que estabelecem com os empresários do jogo do bicho, uma das máfias mais antigas e bem-sucedidas do Estado, que souberam se reinventar para continuar ganhando dinheiro, sem nunca perder suas conexões políticas nas mais altas esferas do poder.

As milícias são, portanto, grupos paramilitares formados por agentes de segurança e civis, que exercem o controle armado de territórios, organizam negócios ilegais e criminosos, com objetivo de extrair receitas para financiar seu poder. Esse poder territorial está associado a posse de armamentos e munições e aos acordos com autoridades do Estado, e se fortalece diante da grande capacidade de eleger políticos afinados com seus interesses. São também modelos de negócios dinâmicos, que se transformam constantemente, usando estratégias que permitem a seus integrantes acumular poder e dinheiro. A possibilidade de lavar dinheiro e levar e se misturar com a economia formal tem levado esses grupos a embaralhar cada vez mais as fronteiras entre o lícito e do ilícito, ampliando sua influência política e econômica.

Essa influência política e econômica crescente se deve a dois aspectos importantes da história que tornam a situação do Estado mais grave do que a dos demais Estados brasileiros. O primeiro deles é a antiga e estreita relação da polícia e das Forças Armadas com a contravenção – mais especificamente o jogo do bicho –, que remonta desde a época em que a cidade era Capital Federal. A força dos grupos paramilitares atuais é totalmente vinculada à influência histórica política e econômica do jogo nas instituições do Estado. O segundo aspecto diz respeito ao papel que o controle territorial armado passou a ter para os grupos criminosos no Rio, desde quando o varejo das drogas se tornou a principal fonte de receita da criminalidade, nos anos 80 e 90 do século passado. Esse modelo de negócio criminal baseado no controle territorial armado tornou a dinâmica local especialmente destrutiva para o dia a dia da cidade.

Partindo dos modelos de Rio das Pedras e Campo Grande e Santa Cruz, as milícias perceberam as oportunidades de lucro ilegal que podiam ser explorar a partir do momento que conseguissem exercer o controle sobre a população desses territórios, algo que se tornou possível pela tomada das associações de moradores e pelas estreitas conexões com batalhões e delegacias locais, além da conivência das autoridades públicas. Para que essa aceitação se efetivasse, foi fundamental a percepção de que esses grupos funcionavam como um obstáculo contra a ameaça de expansão territorial do tráfico de drogas. A ponto de serem considerados num primeiro momento organizações comunitárias de autodefesa, celebrada por políticos que passaram a se aliar e a fazer campanhas nessas áreas, com a conivência das lideranças milicianas que se multiplicavam e alcançavam um número crescente de bairros. Com a promessa de defender as comunidades dos traficantes, o modelo miliciano se expandiu a partir dos anos 2000, inicialmente no entorno de Jacarepaguá.

A situação mudaria a partir de junho de 2008, mais precisamente depois da tortura de uma equipe de jornalistas do jornal *O Dia* na Favela do Batan, feita pela milícia local. A repercussão do caso deu impulso à criação da CPI das Milícias, presidida pelo deputado Marcelo Freixo, que expôs a gravidade dos crimes praticados por esses grupos. A CPI contou também com o apoio da Delegacia de Repressão ao Crime Organizado (Draco), que havia sido fortalecida e vinha se beneficiando de uma série de denúncias entre grupos milicianos em conflito. A partir do segundo semestre de 2008, centenas de lideranças paramilitares passaram a ser presas e processadas pelas autoridades. Paralelamente aos bons resultados das investigações, nesse mesmo semestre o governo do Estado e a Secretaria de Segurança Pública vão dar início ao projeto das Unidades de Polícias Pacificadoras, que vão mexer no equilíbrio do submundo criminal do Rio e provocar muitas transformações nos anos que viriam.

Os negócios milicianos, nesse sentido, longe de se fragilizarem, continuaram em expansão. A estratégia dos paramilitares mudou. As milícias vão reinventar seu modo de atuação para "burlar a repressão e continuar a agir em áreas da Zona Oeste, Baixada Fluminense e Zona Norte da cidade do Rio" escrevem os pesquisadores Ignácio Cano e Thaís de Andrade na pesquisa *No sapatinho: a evolução das milícias no Rio de Janeiro*, sobre o período que vai de 2008 a 2011. Representantes políticos dos grupos continuaram sendo eleitos e ampliando sua influência nas instituições, mesmo que seus chefes não dessem mais as caras nos parlamentos. Empreendimentos criminosos continuaram sendo tocados nos territórios, assim como o apoio pelos votos continuava nos bairros controlados por esses grupos armados. As lideranças assumiam seu papel político nos bastidores, conseguindo força em um número cada vez maior de cidades e bairros no Rio. Alguns negócios passaram a ganhar destaque, como a grilagem de terrenos em áreas protegidas ambientalmente e a construção de prédios altos, principalmente na região de Muzema. O papel do jogo do bicho se tornou mais evidente nas sociedades com milicianos, assim como sua estratégia de conquistar poder pelo uso da corrupção e da violência, financiando, entre outras coisas, grupos de matadores especializados, batizado na imprensa de Escritório do Crime, que seriam responsáveis por diversos assassinatos que seguiram impunes ao longo de mais de uma década.

Atualmente, grupos milicianos se associaram a outros grupos ligados ao tráfico de drogas, como o Terceiro Comando Puro, e passaram a organizar a venda varejista a partir de seus territórios. Da mesma forma, grupos de tráfico começaram a atuar de forma mais parecida com as milícias, assumindo outros negócios em seus territórios, como venda de gás, internet, TV a cabo pirata, entre outros. O modelo de negócio criminal no Rio, dessa maneira, tende a se assemelhar cada vez mais. Caracteriza-se pelo controle territorial armado para extrair receitas ilegais e criminais a partir de uma ampla carteira de negócios locais. Essa expansão depende da fragilização das instituições democráticas e de sua incapacidade de garantir o Estado de Direito nesses territórios.

a) Mapa dos grupos armados no Rio

Em 2020, o NEV-USP divulgou os resultados da pesquisa O Mapa dos Grupos Armados, – produzido em parceria com o Grupo de Estudos dos Novos Ilegalismos (GENI/UFF), o datalab Fogo Cruzado, o Disque-Denúncia e a plataforma digital Pista News –, que mapeou a presença de grupos criminais armados em territórios da Região Metropolitana do Rio a partir da coleta, análise e georreferenciamento de dados da base do Disque-Denúncia do ano de 2019. O resultado aponta que mais da metade do território da cidade do Rio era controlado por esses grupos milícias em 2019.[1] O total correspondia a 25,5% dos 163 bairros da cidade, mas que representava 57,5% da superfície territorial da cidade, onde vivem 2 milhões de pessoas, o que corresponde a 33% do total de habitantes.

A situação se revela ainda mais dramática quando o estudo contabiliza todos os grupos armados na cidade. Chega-se à conclusão de que cerca de 3,76 milhões pessoas, mais do que a metade da população, vive sob o jugo de algum tipo de tirania. Conforme a pesquisa:

1 NEV. *Mapa dos grupos armados do Rio de Janeiro*. Disponível em: https://nev.prp.usp.br/mapa-dos-grupos-armados-do-rio-de-janeiro/. Acessado em: 26.10.2022.

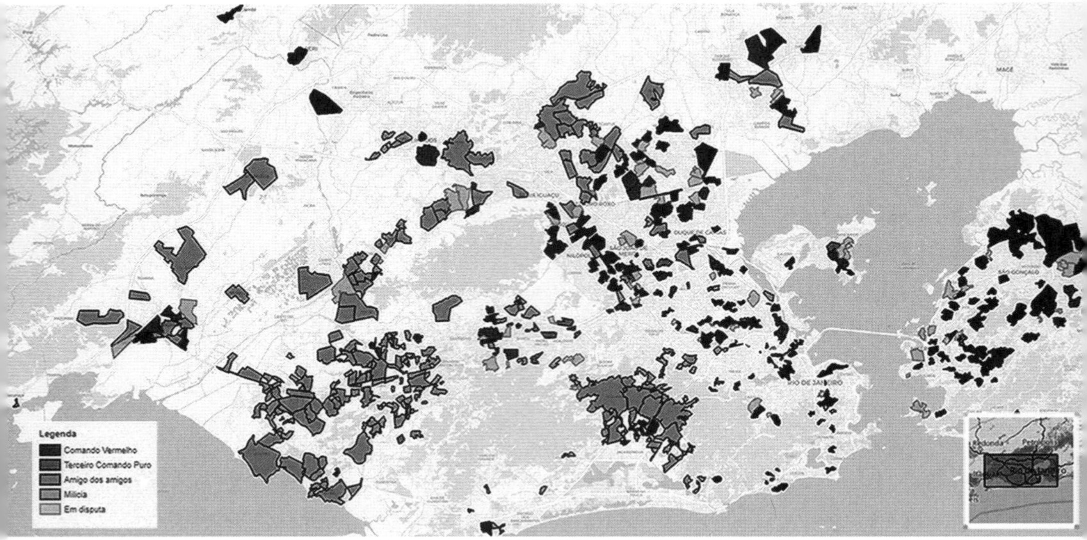

O Mapa Interativo está disponível em: https://erickgn.github.io/mapafc/

- 2,1 milhões de pessoas (33% da população) vivem em área sob o comando de milícias;
- 1,1 milhão de pessoas (18,2% da população) vivem em área dominada pelo Comando Vermelho;
- 337,2 mil pessoas (5,1% da população) vivem em área dominada pelo Terceiro Comando;
- 48,2 mil pessoas (0,7% da população) vivem em área dominada pelo Amigo dos Amigos.

O mapeamento ainda mostrou que cerca de um quarto do território está em disputa pelos grupos criminosos. Na Região Metropolitana, os pesquisadores descobriram que a tendência também é que milicianos consigam amplo domínio. Segundo o estudo, em 2019 eram 199 bairros (21,8%) controlados por esses grupos criminosos. O Comando Vermelho, de acordo com o levantamento, ainda tem controle sobre mais áreas: são 216 (23,7%) bairros. O Terceiro Comando dominaria 27 (3%) e o Amigo dos Amigos 3 bairros (0,3%). Outros 165 bairros (18,1%) seguem sendo disputados pelos grupos armados. Se considerado o número de habitantes, os pesquisadores ressaltam que, mais uma vez, a vantagem é dos milicianos, que tem influência sobre 3.603.440 moradores no território sob seu domínio (29,2%). Já o Comando Vermelho manda em uma área formada por 2.981.982 moradores (24,2%); seguido do Terceiro Comando, com 445.626 (3,6%), e ADA, com 48.232 (0,4%). Pouco mais de 4,4 milhões de fluminenses, sustenta o estudo, residem em bairros que ainda são alvo de disputa (36,2%).

b) Soluções

Depois que a CPI das Milícias foi encerrada e de especialistas em segurança terem debatido formas de lidar com o assunto, o relatório final apresentou 58 proposições para tentar pôr fim ou fragilizar a força desses grupos.[2] As propostas, portanto, existem. Podem ser aperfeiçoadas e melhoradas. Mas o que os últimos anos de avanço e crescimento das milícias mostraram é que falta capacidade, vontade política ou legitimidade para implementar algumas dessas ideias. Houve avanços do ponto de vista penal, assim como as polícias e a Justiça agiram pontualmente na prisão de algumas lideranças. Pouco foi feito, no entanto, para aumentar a fiscalização e a investigação sobre os ganhos desses grupos, assim como para diminuir a capacidade dessas quadrilhas em influenciar as eleições, impor sua vontade à população ou investir em outros tipos de negócios ilegais.

Se essas omissões já não bastassem, o Rio de Janeiro passou a enfrentar, principalmente depois de 2015, sucessivas e graves crises fiscais, econômicas e políticas, que agravaram a situação e levaram governadores, deputados, vereadores, conselheiros de tribunais, entre outras lideranças políticas, para as prisões. Quando as autoridades que deveriam combater as milícias começam a ser presas acusadas

---

2 FREIXO. *Em 2008 Marcelo Freixo presidiu a CPI das Milícias da Assembleia Legislativa*. Disponível em: https://www.marcelofreixo.com.br/cpi-das-milicias. Acessado em: 28.10.2022.

de uma série de crimes, a legitimidade das instituições republicadas se fragiliza ainda mais e abre o espaço para os poderes paramilitares infiltrados no Estado, que ficam mais fortes do que nunca.

Os últimos anos mostraram que prisões pontuais de lideranças milicianas não bastam para atingir de fato a estrutura dessas quadrilhas e fragilizar o cerne desse modelo de negócio criminal. Em 2019, a Divisão de Homicídios havia prendido mais milicianos (93) por assassinatos do que traficantes (58).[3] As prisões, longe de acabar com as milícias, apenas levaram novas lideranças a emergirem e as forçaram a inventar novas estratégias para ampliar a influência política e diminuir os riscos de ser presos. A instabilidade causada pelas prisões também acaba produzindo violência, fortalecendo certos grupos em detrimento de outros, mas sem interferir na sobrevivência do modelo de negócio. Pouco foi feito para retirar o poder econômico, territorial e eleitoral desses grupos.

A Lei n. 12.720, sancionada pela ex-Presidenta Dilma Rousseff em 2012, quatro anos depois da CPI das Milícias, por exemplo, conceituou o crime de formação de milícias como "constituir, organizar, integrar, manter ou custear organização paramilitar, milícia particular, grupo ou esquadrão com a finalidade de praticar qualquer dos crimes previstos no Código Penal". A pena prevista é de reclusão de quatro a oito anos, que pode aumentar caso haja agravantes, como homicídio sob o argumento de serviço de segurança, por exemplo. Essa definição, contudo, foi bem mais genérica do que a sugerida pela CPI e não tratou de forma direta os principais problemas enfrentados pelos moradores de regiões onde esses comandos atuam: o controle sobre serviços básicos, como a distribuição de gás ou o transporte, por exemplo.

---

3 GALDO, Rafael; SCHMIDT, Selma. "Rio já tem mais milicianos presos por assassinato do que traficantes". *O Globo*, 02 set. 2019. Disponível em: https://oglobo.globo.com/rio/rio-ja-tem-mais-milicianos-presos-por--assassinato-do-que-traficantes-23920717. Acessado em: 26.10.2022.

A medida número 11, das 58 que foram propostas pela CPI, pediu a criação de uma Câmara de Repressão ao Crime Organizado que envolvesse órgãos especializados da Polícia Civil, do Ministério Público, do Judiciário e de outras esferas, mas não foi implementada. O objetivo era criar condições para ter fiscalização do domínio territorial, com base em investigação e inteligência, capaz de identificar dentro dos setores da segurança quem é miliciano, quem não é. No relatório, a comissão identificava as milícias como

> grupos armados para prática de diversas extorsões e exploração irregular de serviços públicos, controlados por integrantes das instituições de Segurança Pública ou das Forças Armadas, para fins econômicos escusos, não raro com representação direta de parlamentares ou indiretamente na forma de sustentação dessa atividade criminosa, contando, no mínimo, com a tolerância de autoridades de Poderes Executivo.

Ter agilidade, flexibilidade e inteligência para acompanhar as rápidas transformações desse modelo de negócio é fundamental para que as propostas não estejam sempre desatualizadas.

Mais importante do que a execução dessas propostas, entretanto, o Rio de Janeiro precisa sobretudo dar um primeiro passo, ao colocar no Estado políticos e autoridades compromissadas com o Estado de Direito e com as instituições democráticas, o que, em última instância, depende da vontade popular nas eleições. Caso entrem nos poderes estaduais pessoas que representem os interesses dos políticos milicianos – cada vez mais fortes no Estado – qualquer tipo de proposta vai continuar no papel e a possibilidade de reverter a situação vai se tonar um desafio cada vez mais difícil de se vencer.

Referências bibliográficas

BURGOS, Marcelo. "Favela, cidade e cidadania em Rio das Pedras". *In*: ______. *A utopia da comunidade*: Rio das Pedras, uma favela carioca. Rio de Janeiro: PUC-Rio; Loyola, 2022.

FREIXO. *Em 2008 Marcelo Freixo presidiu a CPI das Milícias da Assembleia Legislativa*. Disponível em: https://www.marcelofreixo.com.br/cpi-das-milicias. Acessado em: 28.10.2022.

GALDO, Rafael; SCHMIDT, Selma. "Rio já tem mais milicianos presos por assassinato do que traficantes". *O Globo*, 02 set. 2019. Disponível em: https://oglobo.globo.com/rio/rio-ja-tem-mais-milicianos-presos-por-assassinato-do-que-traficantes-23920717. Acessado em: 26.10.2022.

HIRATA, Daniel Veloso; GRILLO, Carolina Christoph. *Operações policiais no Rio de Janeiro*. Rio de Janeiro: Fundação Heinrich Bôll, 2019.

OTAVIO, Chico; JUPIARA, Aloy. *Os porões da contravenção – Jogo do bicho e Ditadura Militar*: a história da aliança que profissionalizou o crime organizado. Rio de Janeiro: Editora Record, 2015.

MANSO, Bruno Paes. *A República das Milícias – ascensão do PCC e o mundo do crime no Brasil*. São Paulo: Todavia, 2020.

MANSO, Bruno Paes; NUNES DIAS, Camila. *A Guerra*: ascensão do PCC e o mundo do crime no Brasil. São Paulo: Todavia, 2018.

NEV. *Mapa dos grupos armados do Rio de Janeiro*. Disponível em: https://nev.prp.usp.br/mapa-dos-grupos-armados-do-rio-de-janeiro/. Acessado em: 26.10.2022.

CAPÍTULO XII

INTELIGÊNCIA DE SEGURANÇA PÚBLICA PARA ENFRENTAR O GRANDE CRIME

Seja explorando as fronteiras desguarnecidas, as cidades fronteiriças, as comunidades urbanas desassistidas, as transações financeiras globalizadas, ou as redes sociais cujas empresas proprietárias funcionam no exterior, o denominador é explorar as lacunas institucionais, aproveitando-se das dificuldades operacionais e burocráticas do Estado.

VLADIMIR DE PAULA BRITO

A globalização econômica nas últimas décadas, em conjunção com a revolução tecno-informacional originada pelas aplicações da internet e da tecnologia da informação, vem propiciando mudanças radicais na forma de atuação das organizações criminosas. A relativa liberdade de circulação entre fronteiras nacionais, e o ampliado fluxo de informação potencializado pelas redes de dados globais vem permitindo não somente a ampliação da área de atuação destas, como também o estabelecimento de parcerias globais entre grupos voltados para o tráfico de drogas, pessoas e armas, para além do contrabando e descaminho. Tais organizações diversificaram sua forma de agir, enquadrando-se paulatinamente em uma cadeia produtiva global, em que muitas vezes alguns grupos objetivam dominar o conjunto da própria cadeia. Por conseguinte, os modelos de atuação são fluídos, e vão da atuação limitada até o pleno controle do espectro.

Um exemplo de prestadores de serviços pontuais são os grupos originados nas antigas guerrilhas sul-americanas desarticuladas, que agem na fronteira norte do país, provendo segurança para o transporte de drogas provenientes da Venezuela, Colômbia e Peru. Fortemente armados e operando em regiões com pouca ou nenhuma presença do Estado, privilegiam a atuação nos "pontos cegos" institucionais, tais como as vias fluviais cujos leitos correm alternando fronteiras. Se encaixam no sistema de fluxo global, agindo como operadores locais e trafegando com liberdade entre fronteiras, até realizar a entrega do "produto" ao próximo elo da cadeia econômica. Nesta mesma acepção, a globalização igualmente vem permitindo que organizações que atuam internacionalmente com o emprego do terrorismo como tática de combate, utilizem o mercado brasileiro como um espaço privilegiado para a lavagem de dinheiro e aquisição de serviços. Cidades como Tabatinga, que se mescla a *Letícia* na Colômbia, ou Foz do Iguaçu que se estende a *Ciudad del Este*, no Paraguai, e *Puerto Iguazú*, na Argentina propiciam o ambiente de descontrole e múltiplos fluxos perfeito para estas operações. Interessante observar que até mesmo as pequenas e médias organizações criminosas buscam sistematicamente atuação interestadual. Operando nos "pontos cegos" institucionais.

Por outro lado, as organizações mais poderosas não somente passaram a operar com o objetivo de dominar a distribuição de drogas (armas, contrabando) em seu território, como também de controlar seu fluxo e origem. O *Primeiro Comando da Capital (PCC)*, por exemplo, é absolutamente hegemônico no domínio da "rota caipira", que sai do Peru e da Bolívia, passa pelo Paraguai e termina no Brasil. Em seu momento atual busca consolidar a presença em rotas internacionais, inclusive estabelecendo presença em países da costa africana e mesmo na Europa. Esta mundialização vale para outros negócios de menor escala, como é o caso do tráfico de armas.

No tocante aos crimes de corrupção e desvio de dinheiro público o uso de paraísos fiscais, o emprego de fluxos globais de transferências de valores, quase impossíveis de serem rastreados e a comunicação por aplicativos criptografados são instrumentos privilegiados para a realização das atividades escusas desde muito tempo atrás. A evolução tecnológica e do processo de globalização somente facilitou enormemente o processo, em que a mudança e inovação nas práticas delituosas é trazida pela ampla disponibilidade tecnológica.

Neste sentido, para além de recurso de comunicações seguras e instrumento para lavagem de dinheiro, as redes digitais vem se constituindo por si mesmas como um dos principais espaços de ações criminosas na atualidade. Neste imenso manancial de dados que interconecta bilhões de pessoas, grande parte das práticas delituosas que ocorrem no mundo analógico vem migrando para a esfera virtual. Desde golpes aplicados aos indivíduos, até elaborados vírus que desviam dinheiro de instituições bancárias, em que imensas somas são subtraídas, tendo as arquiteturas globais de informação como ambiente privilegiado. Grande parte destas ações ilícitas se dão em esfera internacional e interestadual, novamente, explorando as lacunas legais de atuação do Estado.

Embora em princípio possa até mesmo parecer fantasioso, é importante compreender que uma parcela significativa das grandes organizações criminosas atuando nas redes digitais possuem os serviços secretos de seus países como controladores e patrocinadores. Os objetivos destas agências vão desde a obtenção de financiamento para programas clandestinos, até a desestabilização de outros Estados, vistos como concorrentes atuais, ou ameaças futuras. Estes mesmos atores, normalmente provenientes de grandes potências, instalam implantes (*malwares*) ocultos nas tecnologias vendidas por seus países, tais como roteadores, *switchs*, *hubs*, computadores, celulares, televisores, dentre vários outros, cujo acionamento propicia o roubo de informações ou a sabotagem de processos e equipamentos.

Desta maneira, a globalização econômica e informacional, cujas plataformas tecnológicas são globais, e no Brasil predominantemente lastreadas por um aparato produzido no exterior, para além do eterno subdesenvolvimento econômico e tecnológico, provocam a exposição ainda maior do país a espionagem política, econômica e industrial de outras nações. Com fixações de vírus pré-instalados em seus equipamentos, toda a arquitetura de rede, de serviços bancários, de gestão da energia, de comunicações, dentre vários outros, pode ser alvo de espionagem e de sabotagens, de acordo com a conveniência de outras nações e grupos econômicos. Ainda mais grave é o fato de que centenas de milhões de brasileiros compõem sofisticadas bases de dados de aplicativos e redes sociais, permitindo que seus perfis sejam elaborados em um nível de detalhes quase inacreditável. Ou seja, além de espionar e sabotar esta mescla de organizações criminosas, empresas multinacionais e governos estrangeiros também atuam distribuindo desinformações de maneira a desestabilizar governos, conflitar sociedades, erodir economias e minar instituições democráticas. Conceitos como fascismo, totalitarismo e ditadura militar "apareceram" repentinamente em meio a uma parcela expressiva da população, movimentos antivacina e terraplanistas, dentre outras teorias da conspiração, também se tornaram expressivos.

As redes de propaganda e dissimulação igualmente vem exercendo um efeito ideológico direto sobre o crime organizado no país. A corrupção que existe secularmente dentro do Estado ganhou escala como milícia, controlando territórios e oprimindo a população local, ao mesmo tempo em que ganhou legitimidade a partir das narrativas totalitárias que abruptamente começaram a popular as redes. Corruptos e bandidos atuando dentro das corporações policiais ganharam um discurso epopeico em que defendem a liberdade, e combatem os criminosos, os delinquentes e até mesmo os comunistas.

Percebe-se então, desta conjunção de atores locais e globais, que possui como característica a potencialização do crime organizado atuando sobre território brasileiro, um marco comum de constante busca por locais geográficos ou virtuais em que o Estado está ausente. Seja explorando as fronteiras desguarnecidas, as cidades fronteiriças, as comunidades urbanas desassistidas, as transações financeiras globalizadas, ou as redes sociais cujas empresas proprietárias funcionam no exterior, o denominador é explorar as lacunas institucionais, aproveitando-se das dificuldades operacionais e burocráticas do Estado. Até mesmo as comunicações dos membros das menores quadrilhas e bandos atualmente são realizadas privilegiadamente por aplicativos baseados fora do país, protegidos por criptografia, e pela legislação estrangeira, tornando praticamente impossível seu monitoramento pelas policiais judiciárias brasileiras.

De fato, não é propriamente novidade que os grupos criminosos objetivem atuar nas lacunas do Estado. A sobrevivência do crime organizado reside justamente na incapacidade do Estado combatê-lo. O que vem se precipitando nos últimos anos é o acentuamento da fragilidade do Estado brasileiro, ao não conseguir controlar e proteger setores significativos do conjunto de seu território. E esta perda de soberania é mais significativa ainda mais na dimensão informacional, em que quase todo o conjunto de recursos comunicacionais empregados no país estão sob controle de outras nações, com seus interesses estratégicos e políticas diversas. Ações de grupos de *hackers* promovendo fraudes financeiras, agências de espionagem roubando informações e Estados disseminando desinformações são alguns dos sintomas já mencionados.

Como consequência direta desta perda de soberania, outra dimensão desta etapa histórica está no fato de que mesmo as mais diminutas organizações criminosas se beneficiam de recursos globais, como a internet ou o sistema financeiro, o que transforma investigações rotineiras em questões de ordem internacional. As costumeiras demandas de quebra de sigilo de comunicações e dados, muitas vezes se tornam solicitações ao sistema judiciário e empresarial de países como os Estados Unidos, Europa ou China. As dificuldades no acesso aos meios de investigação localizados no exterior são recorrentes, em que a obtenção de informações se torna inalcançável, ou demasiadamente demorada, erodindo completamente o princípio da oportunidade. Com a esfera digital cada vez mais onipresente nos múltiplos espaços, as diversas interações sociais esta ausência de controle estatal se traduz na perda de soberania sobre a população do próprio território. Concomitantemente, as constantes ações de narcoguerrilhas operando nas fronteiras, grupos terroristas em cidades fronteiriças, máfias cibernéticas atuando sobre o sistema financeiro, quadrilhas de corruptos migrando valores pelo sistema bancário internacional trazem os efeitos da globalização diretamente para o cotidiano das investigações criminais. Esta proximidade cibernética igualmente permite que nações atuem sob a fachada de organizações criminosas, desestabilizando, espionando e sabotando.

Sob este panorama, as forças de segurança operam de maneira desarticulada, totalmente fragmentada, com pouco fluxo de informação entre as instâncias, e com um modelo investigativo com baixa produtividade. Para além das deficiências crônicas em termos de legislação, processos de trabalho e estrutura funcional, têm-se agora que lidar com os efeitos perversos de um mundo globalizado, cujas fronteiras são cada vez mais porosas, e os conflitos outrora distantes agora estão próximos, trazidos pelas redes de informações. Mesmo que o aparato e a arquitetura de segurança brasileiros fossem excelentes, as novas ameaças globais representariam a necessidade de um volume enorme de mudanças.

As perguntas originadas por este cenário são inúmeras: como ocupar de maneira permanente os territórios marcados pela ausência do Estado? Como desarticular as rotas e fluxos globais e regionais do crime organizado? Como identificar e impedir que grupos terroristas e máfias lavem seu dinheiro no país? Quais as ramificações internacionais de grupos como o PCC? Como enfrentar organizações criminosas que são fachadas para serviços secretos de grandes potências? Como impedir a espionagem sobre o Estado e as empresas nacionais, bem como a sabotagem econômica a partir da arquitetura de redes? Como recuperar a soberania nacional sobre as comunicações digitais, cuja arquitetura de tráfego de dados é quase toda realizada fora do país?

Como se infere, o contexto é extremamente desafiador, e mescla uma miríade de ameaças, organizações, tecnologias, nações e territórios. São múltiplas dimensões que se entrecortam e se embaralham, gerando enormes dificuldades até mesmo para a sua compreensão. Ameaças como ocupação de territórios por milícias, tráfico internacional, crimes digitais, espionagem, sabotagem e operações de desinformação muitas vezes acontecem interligadas. Organizações criminosas locais compõem cadeias globais de fluxos ilícitos, que também integram grupos terroristas usando o Brasil para lavagem de dinheiro.

Como é possível inferir, cabe repensar de maneira urgente as organizações, processos, fluxos, recrutamento e o conjunto da arquitetura de Segurança Pública brasileira para que sejam construídas respostas a este contexto tão desafiador. Ante uma conjunção tão ampla de processos cujos efeitos são tão diversos, uma interseção entre Segurança Pública, segurança nacional, defesa nacional, bem como com as áreas relacionadas a assistência social são fundamentais.

Algumas propostas são abordadas a seguir.

- Inteligência e Gestão da informação:

1. Estruturação de um sistema de inteligência de Segurança Pública que integre órgãos através da unificação de bases de dados e meios informacionais corporativos, possibilitando mapear e fazer circular amplamente as informações criminais hoje dispersas e estanques nas diversas organizações policiais, com o estabelecimento de metodologia e procedimentos comuns.

2. Implantação de sistemas de informação que suportem as atividades de investigação criminal, o policiamento e toda a gestão policial. Como exemplo, temos a implementação da

identificação civil única, criando uma grande base nacional de impressões digitais, a ampliação da base nacional de amostras de DNA e base de dados e ocorrências criminais georreferenciadas.

3. Criação de centros nacionais de fusão de dados que permitam o cruzamento e análise de dados sobre segurança, possibilitando análises estratégicas aprofundadas aos gestores e contextos aprofundados aos operadores.
4. Criação e disponibilização de Indicadores diversos, como o de esclarecimento de Homicídios, permitindo medir a efetividade das investigações e a divulgação desses índices, de maneira a possibilitar o acompanhamento e controle social.
5. Estabelecimento de um fundo de capital de risco voltado para o investimento em empresas e tecnologias nacionais que deem suporte as necessidades de segurança do país, com a meta da construção de uma base tecnológica/industrial de segurança.
6. Criação de uma agência de combate aos crimes cibernéticos que seja responsável por investigar os ataques e crimes realizados em detrimento do Estado brasileiro. A referida instituição teria igualmente o papel de agir como agência de fomento e formação para as policias estaduais.
7. Criação de uma agência de inteligência cibernética (sinais) que permita ao Estado identificar os atores internacionais atuando para promover no país o crime, a espionagem e sabotagem e, sobretudo, operações psicológicas e informacionais voltadas para a desestabilização do governo e da sociedade brasileira. Mediante sua localização caberá ao Estado retaliar na proporção adequada, seja limitando a participação no mercado de telefonia e redes, aplicando multas de valor elevado a empresas tecnológicas envolvidas, prendendo nacionais envolvidos com tais práticas ou

mesmo expulsando pessoal diplomático envolvido, com acontece em diversos países do mundo.

- Combate às organizações criminosas:

1. Estruturação de um sistema de inteligência de Segurança Pública que integre órgãos através da unificação de bases de dados e meios informacionais corporativos, possibilitando mapear e fazer circular amplamente as informações criminais hoje dispersas e estanques nas diversas organizações policiais, com o estabelecimento de metodologia e procedimentos comuns.

2. Criação de forças tarefas compostas pelas policiais estaduais, Polícia Federal e órgãos fiscalizatórios como a Receita Federal, notadamente para o combate a organizações criminosas mais sofisticadas ou com maior poder ofensivo, a exemplo do PCC.

3. Investimento incessante em tecnologia e treinamento das policiais, de maneira a aprimorar ainda mais as técnicas e ferramentas para o enfrentamento de organizações criminosas.

4. Criação dos marcos legais necessários à implementação das propostas supracitadas.

5. Mapeamento dos espaços e territórios brasileiros, sejam estes físicos ou digitais, que estejam sendo ocupados por organização criminosas, e/ou Estados estrangeiros de maneira a planejar sua reocupação pelo Estado de Direito. Essa iniciativa deve ser integrada não somente pelas forças de segurança, como também pela defesa, educação, saúde e assistência social, nos casos em que a presença do Estado envolve, mais do que o enfrentamento com as organizações criminosas, mas sobretudo, a provisão de cidadania aos brasileiros sob sua mercê.

6. Estabelecimento de uma força tarefa nacional que inicie ações centralizadas em nível federal permitindo a concretização da reocupação do território. Aumento da presença nas fronteiras e aceleração de programas, investimento em novas tecnologias de monitoramento, e a execução da retomada de comunidades com uma abordagem de amplo espectro.

7. Elaboração de um conjunto de procedimentos que estabeleça critérios de longo prazo e boas práticas em ações de retomada de territórios, de maneira que os aspectos de segurança sejam conjugados com as dimensões econômica e social quando da atuação sobre as comunidades nas grandes cidades.

CAPÍTULO XIII

UM OLHAR CONSTANTE PARA A SEGURANÇA PÚBLICA CIDADÃ

O enfrentamento à violência não se faz apenas na ponta do problema, porque a violência é o cenário construído por falta de oportunidades, pela ausência de ensino de qualidade e por um ambiente sem cultura, esporte e lazer.

JOSÉ DE FILIPPI JÚNIOR

As pessoas vivem nos municípios. Sempre tive isso muito claro no meu cotidiano, antes de ser secretário de Obras e de Saúde, de ser Prefeito, de ser deputado. Os problemas são sentidos nas cidades. Assim como as soluções são encontradas nos municípios. Por isso que em toda minha atuação lutei muito para melhorar a vida dos cidadãos e cidadãs na Educação, na Saúde e na Segurança Pública com políticas que fossem estruturadas e sentidas na ponta, pela população das cidades.

Ao tratar especificamente de Segurança Pública, tive de lidar de diferentes formas com esse tema e como o assunto era relacionado a Diadema ao longo da minha trajetória política. Sempre teve muito trabalho em busca de políticas públicas e atuação para retirar de Diadema um rótulo que, para quem conhece nossa cidade, sabe bem que é pejorativo e irreal. Diadema é uma cidade do povo, construída por gente trabalhadora e acolhedora.

Pensar Segurança Pública envolve praticamente todas as áreas da administração. O enfrentamento à violência não se faz apenas na ponta do problema, porque a violência é o cenário construído por falta de oportunidades, pela ausência de ensino de qualidade e por um ambiente sem cultura, esporte e lazer.

Em toda minha vida pública tive esse entendimento de união de forças nas minhas ações, antes mesmo de me eleger Prefeito de Diadema, cidade que tenho muito orgulho de administrar pela quarta vez. Mas um episódio em especial marcou em mim a necessidade clara de desenvolver integralmente políticas para melhorar a Segurança Pública.

Era março de 2001, quando o relatório diário que recebia do delegado Maximino Fernandes Filho, que era meu secretário da então Secretaria de Defesa Social, me angustiou. O Max encaminhava para mim, todos os dias, informações sobre a Segurança Pública de Diadema e as notícias de casos relacionados à pasta dele. Naquele dia, tinha uma reportagem que me atravessou o peito.

Uma menina de 12 anos havia sido assassinada com cinco tiros na comunidade da Naval. Era uma época em que os indicadores de Diadema não eram nada bons. Dois anos antes, em 1999, a cidade havia registrado 360 homicídios. Quase um por dia. Tinha fim de semana com chacinas. No plural. Diadema chegou a computar 140 homicídios a cada 100 mil habitantes. Pela ONU, quando esse índice está acima de 60 homicídios, o local é considerado ambiente de guerra civil. Em 2021, tivemos 10 homicídios no ano todo. E o episódio da menina da Naval foi disruptivo no avanço das políticas para mudarmos a realidade da cidade.

A primeira informação que chegou ao gabinete era que a menina havia sido vítima de bala perdida na comunidade. Como pode uma garota de 12 anos ser alvejada com cinco tiros de bala perdida? Aquilo não fazia sentido. Pedi para o Max acompanhar de perto e ele logo me trouxe o real diagnóstico: a menina havia sido cooptada pelo tráfico de drogas. Tão nova, tão cheia de vida. Mas com uma realidade que era a mesma de muitas famílias de periferia: ela era filha de mãe solo, com diversos irmãos, já fora da escola.

Como impedir que esse ciclo se repetisse com outras crianças? Montamos na época um comitê para desenvolver ações integradas. Surgiu o Adolescente Aprendiz, um programa que oferecia atividades no contraturno escolar, de desenvolvimento de profissões, com o pagamento de uma bolsa. Era preciso envolver as crianças no aprendizado de atividades pensando no futuro delas, mas ajudar financeiramente a família daquelas pessoas.

O Adolescente Aprendiz foi um sucesso. Chegou a atender 10 mil crianças simultaneamente. Eram 10 mil crianças que estavam em um processo de construção de futuro com oportunidades. E foi um programa integrado a outras ações, como a lei de fechamento de bares até as 23h, implementação da nossa GCM (Guarda Civil Municipal), ampliação e descentralização dos espaços de cultura e lazer do município, além da instalação da Central de Videomonitoramento.

Três anos depois do triste caso da garota assassinada na Naval, o médico Drauzio Varella escreveu um artigo sobre as nossas atividades para melhorar a Segurança Pública em Diadema. No mesmo período, o saudoso jornalista Gilberto Dimenstein foi autor de uma publicação que mostrava que Diadema havia se tornado um laboratório contra a violência. Ele passou um dia inteiro na cidade, conhecendo todas as atividades que desenvolvemos. Vimos como a política bem feita transforma a vida das pessoas.

Os resultados colocaram Diadema no mapa das cidades que pensavam políticas públicas exitosas na Segurança Pública Cidadã, fugindo da falácia do bandido bom é bandido morto. Fui convidado a representar o Brasil em um Congresso da ONU na Tailândia, participei de uma mesa redonda de debates em Medellín, na Colômbia. Diadema virou referência mundial. Em 2006, como marco da virada de chave na cidade, soltamos 1.000 balões brancos para simbolizar as 1.000 vidas que, em cinco anos, foram preservadas por meio dos nossos programas.

Voltei a ficar à frente da administração de Diadema 12 anos depois de meu último mandato e a realidade é outra. Além do retrocesso de estrutura que encontrei na Prefeitura neste meu retorno, os desafios da Segurança Pública são diferentes. Um dos mais desafiadores é o pancadão. Esses bailes funk de rua retratam muito bem a complexidade que envolvem a Segurança Pública porque incluem falta de lazer com a juventude da periferia, a venda de entorpecentes, o envolvimento de jovens menores de idade em atos ilícitos, a perturbação do sossego do trabalhador que acorda todo dia cedo para ganhar seu sustento. E, assim como era o cenário lá no início dos anos 2000, lidar com a situação demanda ações integradas.

Em janeiro de 2021, quando assumi meu quarto mandato, a Prefeitura de Diadema lidava com os pancadões de uma forma retrógrada e agressiva. Um caminhão pintado de preto despejava jatos d'água nos frequentadores dessas festas. Uma política completamente avessa ao que, durante anos, foi a orientação da nossa administração. O conceito que pregamos é de atuação com olhar de Segurança Cidadã. Inclusive, hoje esse é o nome da nossa secretaria.

Como entender as demandas dos jovens se, em vez dos ouvidos, a Prefeitura usava jato d'água para dialogar com esse público? Isso não é política pública efetiva. Pegar o caminho mais fácil nunca esteve na alma do diademense. Essa cidade foi construída com muito suor, de cantos diferentes do Brasil e do mundo. Esse município sempre enfrentou suas dificuldades, por mais complexas que elas se apresentassem. E não é com políticas medievais que iremos contornar a situação.

Várias frentes foram destacadas para reduzir os problemas do pancadão em Diadema. Usamos inteligência, mapeamos os pontos viciados das festas, conversamos com moradores, ampliamos as atividades culturais nos centros dos bairros. Houve redução de 90% do índice de reclamações na cidade.

Dentro dessa política, revitalizamos os espaços de cultura e lazer de Diadema. Encontramos a Casa do Hip Hop, referência da América Latina, completamente abandonada. Reativamos, reformamos e hoje ela está viva de novo, ocupada pela juventude do nosso município.

Outra medida que adotamos aqui neste meu retorno foi acabar com um vício que há nas cidades atualmente, que é a criação de um pelotão de elite dentro da força de segurança municipal. Um conceito também ultrapassado de que o crime se combate com uma "Rota Municipal" com brucutus, na força, com agressividade.

Política pública de Segurança Cidadã se constrói em conjunto, olhando para frente, para que elas sejam perenes. Diadema voltou a valorizar sua guarda, estabelecendo um plano de carreira. Vamos contratar mais agentes, valorizar essa classe. Isso precisa ser feito em outras esferas de poder, com melhoria das condições de trabalho de policiais militares e civis. Esse pensamento de combate ao crime só com repressão, que, infelizmente, é disseminado a partir do governo federal é ineficaz e só promove mais violência.

Temos um longo caminho a ser percorrido, até porque encontramos um cenário de desmonte de políticas que, durante anos, estiveram no cotidiano de Diadema. O Adolescente Aprendiz estava encerrado, retomamos agora, com 700 estudantes e metas de resgatar os números que atingimos no passado. A Central de Videomonitoramento, com mais de 70 câmeras, foi abandonada. Iremos resgatá-la, inclusive com instalação de totens de segurança em pontos estratégicos para mapear a cidade e para que, de forma integrada, usemos a inteligência para melhorar a sensação de segurança em Diadema.

Construir políticas públicas de segurança é um desafio constante porque, se tem um ponto que a experiência do meu quarto mandato ensinou, é que não podemos nos acomodar com o cenário que há na nossa frente. É preciso seguir com o trabalho, integrando as pessoas, de olho nos nossos jovens, especialmente os de periferia, os que têm menos oportunidades. Também é preciso sensibilizar as outras esferas de poder, para que as ações sigam diretrizes integradas. Afinal, o espírito de todo gestor público tem de ser pautado pela redução das desigualdades, pelo crescimento dos cidadãos e pela construção de um ambiente melhor. Sempre.

CAPÍTULO XIV

A NECESSÁRIA CENTRALIDADE DA PREVENÇÃO NA POLÍTICA DE SEGURANÇA PÚBLICA

O modelo vigente, repressivo-punitivo, da Segurança Pública mostra-se bastante resistente a mudanças e as diferentes e polarizadas posições acerca de um novo modelo de política dificultam a construção de uma coalizão ampla capaz de dar sustentação a um processo substancial de reformas.

LIGIA MARIA DAHER GONÇALVES

Para que se possa compreender a resistência do sistema de Segurança Pública brasileiro a mudanças e a consequente dificuldade de se pautar a prevenção com centralidade no modelo dessa política, faz-se necessário traçar uma breve evolução histórica.[1]

As polícias nasceram, no Brasil, no período colonial, com natureza privada, para fazer controle social. No Império, foi sendo

1 Sobre a resistência do modelo de Segurança Pública a mudanças, que se explica também pelo padrão de dependência da trajetória, e para o aprofundamento dos temas aqui tratados, ver GONÇALVES, Ligia Daher. *Política de Segurança Pública no Brasil na pós-transição democrática*: deslocamentos em um modelo resistente. São Paulo: USP, 2009. (Dissertação de Mestrado). Disponível em: https://www.teses.usp.br/teses/disponiveis/8/8131/tde-16082011-105157/pt-br.php. Acessado em: 26.10.2022.

forjado o arranjo institucional que as caracteriza até hoje, qual seja, padrão dual de policiamento, militarização do policiamento ostensivo e fragmentação e isolamento das corporações. Desde a República, a política de segurança é fortemente centralizada nos Estados, com exceção dos períodos autoritários civil (1937-1945) e militar (1964-1985), em que as polícias, sob a tutela federal, foram instrumentalizadas como polícias políticas, atuando com a lógica da eliminação do inimigo. Historicamente, a Segurança Pública é identificada com as instituições policiais, responsáveis pelo controle da lei e da ordem.

Uma intensa mobilização social marcou o período Constituinte de 1987/1988, resultando em muitas conquistas e novos arranjos federativos em várias políticas públicas, expressos na Constituição Federal de 1988. Porém, esse período, que se apresentava como uma janela de oportunidades para mudanças, também foi marcado pela transição lenta, gradual e negociada entre o governo de transição e os militares, o que contribuiu para que se conformassem preferências conservadoras em relação à política de Segurança Pública, cuja estrutura, apesar de ter ganhado capítulo próprio na CF/1988, continuou basicamente como na Constituição Autoritária de 1967/1969.

Até há pouco tempo, não se pensava na articulação de uma política nacional de Segurança Pública, nem tinha o governo federal a preocupação de atuar de forma a promover cooperação intergovernamental. Aos municípios também não se atribuía qualquer outro papel que não o de, facultativamente, instituir guardas municipais para vigiar seus bens, serviços e instalações. A prevenção, como estratégia do sistema de justiça criminal, limitava-se à inibição do ato delituoso, decorrente da presença ostensiva da polícia e da dissuasão como efeito da aplicação da sanção penal.

A partir da década de 1990, num contexto de criminalidade crescente e frente à incapacidade do Estado de controlar e coibir o abuso de seus agentes, a segurança entrou para o debate público e novos atores públicos e sociais passaram a surgir com incidência no campo dessa política, trazendo grande contribuição por meio de pesquisas, propostas e articulação de novas estratégias de prevenção e controle de riscos.

Cada vez mais cobrados pelos índices crescentes de criminalidade em seus territórios, vários municípios passaram a desenvolver experiências inovadoras de governança local da segurança, valendo-se de suas competências para a implementação de políticas sociais e urbanas e de sua maior proximidade e conhecimento do território.

A União, por sua vez, também passou a estabelecer uma Política Nacional de Segurança Pública e a atuar como indutora para que os outros entes federativos aderissem às suas diretrizes. Destaca-se, nesse sentido, a importância do governo Lula, que promoveu uma inflexão na política de Segurança Pública, em especial com o PRONASCI – Programa Nacional de Segurança Pública com Cidadania. Esse programa não apenas fortaleceu o protagonismo municipal na segurança, reconhecendo experiências exitosas que já vinham sendo implementadas, como também fomentou maior cooperação intergovernamental, articulando repressão qualificada e prevenção das violências, de forma a atuar sobre as raízes socioculturais da violência.[2]

Verifica-se, portanto, nas últimas duas décadas, pequenos deslocamentos na dinâmica federativa na política de Segurança Pública, que se dão em função daquilo que os governos são efetivamente capazes de fazer a cada conjuntura crítica e mediante as coalizões que os sustentam. Dessa forma, os avanços e as reformas incrementais, embora importantes, são conjunturais e insuficientes para fazer frente a problemas estruturais da Segurança Pública.

O modelo vigente, repressivo-punitivo, da Segurança Pública mostra-se bastante resistente a mudanças, como já afirmado, e as

2 O PRONASCI foi um importante indutor para que os entes subnacionais aderissem às diretrizes da política nacional, já que previa incentivos como, por exemplo, a transferência de recursos para os Estados e municípios conveniados com contrapartida muito menor (1 a 2%) do que as exigidas pelo Fundo Nacional de Segurança Pública (20%).

diferentes e polarizadas posições acerca de um novo modelo de política dificultam a construção de uma coalizão ampla capaz de dar sustentação a um processo substancial de reformas. Como agravante, vive-se atualmente, no Brasil, um momento de muitos retrocessos, com um governo que fomenta discursos de ódio, discriminações, práticas autoritárias e uma maior circulação de armas de fogo.

Cabe aqui analisar as estatísticas criminais. Dados do Anuário do Fórum Brasileiro de Segurança Pública 2022[3] apontam que, em 2021, 47.503 pessoas foram assassinadas no país, das quais 77,9% eram negras. Naquele mesmo ano, 6.145 pessoas foram mortas pela polícia, sendo que 84,1% dessas vítimas eram negras. Foram mortos, ainda, 190 policiais, dos quais 67,7% eram negros. Conforme analisa o Atlas da Violência 2021, a chance de uma pessoa negra ser assassinada no Brasil é 2,6 vezes maior do que de uma pessoa não negra.[4]

O Anuário[5] aponta que, em 2021, 1.341 mulheres foram vítimas de feminicídio, sendo 62% delas negras (81,7% foram mortas por seus companheiros ou ex-companheiros). Segundo dados do Grupo Gay da Bahia (GGB),[6] no mesmo ano foram assassinadas 276 pessoas LGBTQIA+, ou seja, uma morte a cada 29 horas. Ocorreram ainda, em 2021, 66.020 estupros, sendo que 75,5% eram vítimas vulneráveis

---

3 FÓRUM BRASILEIRO DE SEGURANÇA PÚBLICA. *Anuário Brasileiro de Segurança Pública*. ano 16, 2022. Disponível em: https://forumseguranca.org.br/anuario-brasileiro-seguranca-publica/. Acessado em: 26.10.2022.

4 FÓRUM BRASILEIRO DE SEGURANÇA PÚBLICA. *Atlas da Violência*. 2021. Disponível em: https://www.ipea.gov.br/atlasviolencia/arquivos/artigos/5141-atlasdaviolencia2021completo.pdf. Acessado em: 26.10.2022.

5 FÓRUM BRASILEIRO DE SEGURANÇA PÚBLICA. *Anuário Brasileiro de Segurança Pública*. ano 16, 2022. Disponível em: https://forumseguranca.org.br/anuario-brasileiro-seguranca-publica/. Acessado em: 26.10.2022.

6 GGB. *Mortes violentas de LGBT+ no Brasil*. Disponível em: https://grupogaydabahia.com/2022/02/24/mortes-violentas-de-lgbt-no-brasil/. Acessado em: 26.10.2022.

(incapazes de consentir) e 61,3% delas tinham até 13 anos de idade (em 79,6% dos crimes o autor era pessoa conhecida da vítima).

Segundo o Alto Comissariado da ONU, o Brasil ocupava em 2021 o terceiro lugar no *ranking* global de assassinatos de defensoras e defensores de direitos humanos.[7]

Os dados acima denotam que a violência, incluindo a violência policial, segue o padrão racista e machista que marca a formação da sociedade brasileira e a forma como se estruturam as relações sociais. Há na segurança, também, uma dimensão cultural que diz respeito à forma como produzimos relações e como somos produzidos por elas. Além disso, sem políticas preventivas, apenas pela ação do aparato policial (ainda que esta fosse muito qualificada), não se consegue evitar a ocorrência de parte significativa desses crimes. Não obstante, o discurso da Segurança Pública continua legitimando o modelo repressivo-punitivo porque os conflitos sociais são hegemonicamente interpretados dentro de uma ótica penal, com foco no crime e no criminoso, sob o princípio da responsabilidade individual.[8] Dessa forma, atribui-se de maneira exclusiva às instituições do sistema de justiça criminal a tarefa de se garantir a paz social.

Ocorre que os fenômenos sociais são complexos e as violências são multicausais, de forma que um provimento democrático e efetivo da segurança impõe uma mudança de foco, que passa a ser na proteção do cidadão, na vida, na dignidade humana e na promoção de uma cultura de convivência na diversidade.

Dessa forma, para além do necessário aprimoramento da atuação das polícias, a fim de que estas atuem de forma qualificada

---

7 Disponível em: https://www.plataformadh.org.br/2021/10/25/onu-situacao-de-defensores-no-brasil-esta-entre-as-mais-preocupantes/.

8 Conforme postulado por DIAS NETO, Theodomiro. *Segurança urbana*: o modelo da nova prevenção. São Paulo: Revista dos Tribunais; São Paulo: FGV, 2005.

e circunscrita pelos princípios do Estado Democrático de Direito, é fundamental que se dê centralidade às políticas de prevenção do crime e das violências, tarefa esta que impõe desafios.

Uma política qualificada e consistente de prevenção exige que se inove nos mecanismos político-administrativos de gestão. Exige que se tenha um processo de governança cooperativa capaz de conduzir a uma mudança cultural que se expresse nas práticas institucionais e nas relações entre Estado e sociedade, de maneira sustentável.

Exatamente por serem multicausais as violências, as estratégias preventivas devem ser múltiplas e desenvolvidas de maneira coordenada, intersetorial e integrada, com o envolvimento de múltiplos atores públicos e sociais, com vistas à redução dos fatores de risco e ao aumento dos fatores de proteção associados ao crime e às violências.

Para tanto, é fundamental que haja uma boa gestão da informação e diagnósticos qualificados e participativos, com fontes de dados diversas e consistentes, que permitam uma análise compreensiva e sensível das dinâmicas geradoras do crime e das violências que se quer enfrentar nos diferentes territórios.

Essa nova lógica de gestão deve ser capaz de potencializar diversos saberes, competências, recursos e informações na resolução de problemas comuns, numa abordagem relacional, garantindo a intersetorialidade no processo de governança durante todo o ciclo da política pública. Importa aqui como cada ator se implica e se corresponsabiliza por essa construção e como são desenhadas as esferas de coordenação e compartilhadas as arenas decisórias para que, de maneira integrada e sistêmica, cada ator possa exercer seu protagonismo, mantendo-se o equilíbrio entre autonomia e cooperação.

No caso das estratégias territorializadas, é importante que se compreenda o território não apenas como perímetro geométrico, mas como território vivo, em suas múltiplas dimensões, representações simbólicas e realidades físicas e funcionais, e que se forma e se transforma a partir de suas interações e de suas inter-relações, como ensinava Milton Santos.[9]

Por isso também, um território de paz não deve ser entendido como território pacificado no sentido de homogeneizado por uma ordem que lhe é imposta. Paz demanda exercício ativo da cidadania, pertencimento, reconhecimento, efetivação dos direitos humanos, afirmação das diferenças, diálogo e ação coletiva. É fundamental, portanto, que se envolva nessa governança os atores públicos e sociais que tornam vivo o território.

Por fim, o desenho da política de Segurança Pública da Constituição Federal de 1988 potencializa a tendência dos Estados de defenderem a manutenção do *status quo*, ao mesmo tempo em que tende a diminuir a capacidade de incidência de outros atores políticos. Por essa razão, a tentativa de se construir um modelo de política de Segurança Pública, com coordenação e cooperação intergovernamental, no qual a prevenção tenha centralidade ao lado da repressão qualificada, pressupõe um amplo processo de negociações e uma repactuação federativa, que deve resultar em um novo arranjo institucional que se expresse também no Texto Constitucional.

Nesse sentido, o debate público, a retomada das conferências e de outros espaços democráticos de interlocução e compartilhamento de ideias e práticas exitosas são fundamentais para que se possa conformar uma coalizão forte, capaz de conduzir às mudanças necessárias.

Referências bibliográficas

DIAS NETO, Theodomiro. *Segurança urbana*: o modelo da nova prevenção. São Paulo: Revista dos Tribunais; São Paulo: FGV, 2005.

---

9 Sobre o tema ver SANTOS, Milton. *A natureza do espaço*: técnica e tempo, razão e emoção. São Paulo: Hucitec, 1999; SANTOS, Milton. *Espaço do cidadão*. São Paulo: Nobel, 1988.

FÓRUM BRASILEIRO DE SEGURANÇA PÚBLICA. *Anuário Brasileiro de Segurança Pública*. ano 16, 2022. Disponível em: https://forumseguranca.org.br/anuario-brasileiro-seguranca-publica/. Acessado em: 26.10.2022.

______. *Atlas da Violência*. 2021. Disponível em: https://www.ipea.gov.br/atlasviolencia/arquivos/artigos/5141-atlasdaviolencia2021completo.pdf. Acessado em: 26.10.2022.

GGB. *Mortes violentas de LGBT+ no Brasil*. Disponível em: https://grupogaydabahia.com/2022/02/24/mortes-violentas-de-lgbt-no-brasil/. Acessado em: 26.10.2022.

GONÇALVES, Ligia Daher. *Política de Segurança Pública no Brasil na pós-transição democrática*: deslocamentos em um modelo resistente. São Paulo: USP, 2009. (Dissertação de Mestrado). Disponível em: https://www.teses.usp.br/teses/disponiveis/8/8131/tde-16082011-105157/pt-br.php. Acessado em: 26.10.2022.

SANTOS, Milton. *A natureza do espaço*: técnica e tempo, razão e emoção. São Paulo: Hucitec, 1999.

______. *Espaço do cidadão*. São Paulo: Nobel, 1988.

CAPÍTULO XV

PREVENÇÃO DA VIOLÊNCIA COMO POLÍTICA PÚBLICA DE SEGURANÇA

Não estamos tratando do tema da prevenção à violência a partir do policiamento ostensivo e da restrição de liberdade, mas sim sob uma perspectiva de política pública que possibilite a integração de programas intersetoriais.

CRISTINA GROSS VILLANOVA

A Constituição Federal de 1988 elenca, em seu art. 6º, que os direitos sociais são educação, saúde, alimentação, trabalho, moradia, transporte, lazer, **segurança**, previdência social, entre outros. Contudo, tendo em vista as políticas públicas consideradas prioritárias – educação, saúde e assistência social, as quais são executadas por meio de uma relação federativa consolidada, com repasse de recursos financeiros fundo a fundo e de maneira continuada, sob a coordenação de uma política nacional –, apenas muito recentemente a Segurança Pública vem sendo tratada como política pública e que necessita a especial atenção do Estado brasileiro em sua gestão.

Há aproximadamente 25 anos foi criada a Secretaria Nacional de Segurança Pública (Senasp), na estrutura do Ministério da Justiça, sendo que há menos tempo ainda, menos de 20 anos, foram estabelecidas diretrizes essenciais à elaboração e implementação da segurança enquanto política pública. Gestão do conhecimento, inteligência, uso de tecnologia, formação e valorização dos profissionais de segurança, e a implementação de ações voltadas à prevenção da violência vieram com objetivo de romper com o senso comum de que Segurança Pública era voltada quase que exclusivamente gerir/cuidar das principais instituições de segurança existentes no país, particularmente as Polícias Civil e Militar, como se a segurança estivesse restrita à atuação das duas instituições policiais.

Menos tempo se tem ainda na construção, estruturação e implementação de projetos voltados à **prevenção da violência**, sendo que os Planos Nacionais de Segurança Pública têm sido a baliza, ao longo do tempo mencionando, que estabelece as diretrizes para a indução de políticas públicas de segurança voltadas à prevenção da violência e da criminalidade.

O primeiro Plano Nacional de Segurança Pública (PNSP) foi lançado em junho de 2000, durante a segunda gestão do governo FHC, o qual foi chamado "O Brasil diz não à violência". O Plano foi dividido em quatro capítulos: I – Medidas no Âmbito do Governo Federal; II – Medidas no Âmbito da Cooperação do Governo Federal com os Governos Estaduais; III – Medidas de Natureza Normativa; e IV – Implantação do Sistema Nacional de Segurança Pública, dentro dos quais havia uma subdivisão de 15 compromissos e, nestes, 124 ações.

Cada compromisso possui uma descrição da sua importância. Exemplo: Compromisso 1 – Combate ao Narcotráfico e ao crime organizado: indica que o aumento da violência no país está diretamente relacionado à expansão das organizações criminosas e que para tanto é necessária a implementação integrada de um rol de ações, as quais também possuem uma breve descrição. Após a descrição das ações que integram aquele compromisso são indicados "Participantes" com menção a órgãos públicos dos governos federal, estadual e municipal, instituições do sistema de Justiça, e sociedade civil, e "Resultados Esperados 2000-2002" (BRASIL, 2001).

Embora na apresentação deste Plano esteja destacado que este trataria da integração de políticas de segurança, políticas sociais e ações comunitárias, com vistas a prevenir o crime e reduzir a insegurança, esses compromissos e ações eram fragmentados e com direções potencialmente contraditórias, que não dialogavam entre si.

Este Plano era complementado pelo PIAPS – Plano de Integração e Acompanhamento de Programas Sociais de Prevenção da Violência que concentrava programas já existentes financiados pelo governo federal em determinados municípios.

O PIAPS se propunha a atuar na gestão da Segurança Pública em âmbito local, a partir da articulação entre políticas públicas já existentes em nível federal, estadual/distrital e municipal, sem criar projetos novos e sem orçamento próprio, mas sim por meio da articulação de recursos já disponíveis nos Ministérios parceiros, assim como em parceria com o setor privado e com Organizações Não Governamentais (ONGs).

No Programa Arquitetura Institucional do SUSP, implementado no período de 2003 a 2006, a prevenção ganhou um capítulo especial, no qual foram apresentados conceitos, com sugestões de atuação, especificando a necessidade de se trabalhar com evidências sobre o que dá certo e o que não dá certo na Segurança Pública, especialmente relacionado a antecipar-se à ocorrência de situações de violência e criminalidade, em determinado território.

Esse Programa, elaborado sob a coordenação da Senasp por meio de diversos pesquisadores, estudiosos e profissionais de segurança, apresentou um diagnóstico acerca dos problemas de violência e criminalidade enfrentados no país, assim como fez uma análise do contexto econômico e social à época, o qual potencializava os fatores de risco à violência e criminalidade, especialmente à população jovem, negra e moradora das periferias. Apresentou a necessidade de articulação entre as unidades federativas a partir de um novo marco legal da segurança, com a realização de reformas não somente nas instituições policiais, como também na esfera da Segurança Pública, com a implantação de um Sistema Único de Segurança Pública (Susp), investindo também na prevenção da violência e na ampliação da participação social na política de segurança.

E, por último, enquanto política de maior relevância, incluindo expressivo aporte financeiro para a indução da política pública, foi o **Pronasci – Programa Nacional de Segurança Pública com Cidadania**, que integrava ações de combate ao crime por meio de ações investigativas e repressivas, com ações de prevenção voltadas a um determinado público mais vulnerável a situações de violência e criminalidade, em um território determinado, associado à articulação com outras políticas públicas como: saúde, assistência social, cultura, educação, esporte, acesso à justiça, urbanização, entre outras. Sem esquecer a ampliação de canais e instrumentos de qualificação profissional, dos profissionais de Segurança Pública, além de atuar na saúde destes profissionais.

E sob essa perspectiva, a política pública de prevenção à violência e à criminalidade era entendida como o resultado da integração de ações de redução da desigualdade econômica, ações sociais, de promoção da educação, cultura, esporte e lazer, prevenção e tratamento ao uso abusivo de álcool e outras drogas, melhoria da infraestrutura urbana e habitacional e de valorização do espaço público, ou seja, políticas intersetoriais, implementadas de acordo com a vulnerabilidade detectada no território. Essas ações têm por objetivo um resultado específico: a não ocorrência de um ou mais crimes, ou mesmo, num contexto de aumento da criminalidade, contribuir para a contenção desse crescimento. Importante também considerar as iniciativas desenvolvidas pela sociedade civil organizada.

É importante destacar que não estamos tratando do tema da prevenção à violência a partir do policiamento ostensivo e da restrição de liberdade, mas sim **sob uma perspectiva de política pública que possibilite a integração de programas intersetoriais**, em âmbito local, sejam eles federais, estaduais ou municipais, voltados a reduzir a incidência de crimes e de violência e/ou seus efeitos negativos sobre os indivíduos, famílias, grupos e comunidades.

Esses programas devem atuar sobre fatores de risco e de proteção, conforme as estratégias que devem ser estruturadas por meio da gestão da política pública, com a complexidade da própria compreensão da dinâmica da violência em cada local.

O conceito de prevenção à violência e à criminalidade é inspirado no que é utilizado pela área de saúde, a partir da pressuposição de que é possível "antecipar, preceder ou tornar impossível por meio de uma providência precoce, o desenvolvimento de doenças e agravos à saúde".[1] Também são inspiradas na classificação realizada pela saúde as estratégias de prevenção primária, secundária e terciária, definidas principalmente a partir do objeto ou foco da ação.

Esta perspectiva de atuação pressupõe o estabelecimento de alguns entendimentos, os quais devem ser adotados pelos entes federados, tais como: a) a necessidade de realização de um diagnóstico minucioso acerca da dinâmica da violência local, identificando também fatores de risco e de proteção; b) monitoramento da implementação das ações de prevenção e avaliação se estão tendo resultado, o que possibilita realizar a correção de rumos. Para tanto, é necessário manter um banco de dados e estabelecer indicadores adequados que possibilitem essa avaliação; c) que esses dados não devam ser somente de informações sobre crimes e violências, mas que apresentem informações não criminais que indiretamente podem influenciar (evasão escolar, infraestrutura urbana, existência de equipamentos públicos, espaços de lazer, ações governamentais e não governamentais); d) que o diagnóstico permita realizar a definição de um território para a implementação das ações preventivas; e) definição do público alvo, mormente, aquele definido, a partir do diagnóstico, com maior

---

1 MESQUITA NETO, Paulo de *et al. Prevenção do crime e da violência e promoção da Segurança Pública no Brasil.* Brasília: Secretaria Nacional de Segurança Pública, 2004, pp. 200-310.

vulnerabilidade a situações de crime e violência, tanto como autor quanto como vítima (juventude, crianças e adolescentes, mulheres, população LGBTQIA+, população em situação de rua, entre outros).

A indicação do público alvo está relacionada à definição de temas que devem ser desenvolvidos e trabalhados na prevenção de crimes baseados no gênero e na orientação sexual, por exemplo, buscando a construção de políticas públicas voltadas ao enfrentamento à violência doméstica e de gênero, à intolerância religiosa e à orientação sexual, assim como à juventude, tanto na capacitação dos profissionais que atuam na Segurança Pública, quanto na implementação de serviços de acolhimento e promoção de ações voltadas ao fortalecimento de fatores de proteção aos grupos em situação de vulnerabilidade.

A partir dessa perspectiva, outros dados também devem ser avaliados, além das informações de natureza criminal.

Nesse sentido, se faz necessário o levantamento das seguintes informações:

– Equipamentos públicos existentes: escolas, Unidades Básicas de saúde, CAPS, CAPS-AD, CRAS, CREAS, Centro POP, Delegacia de Polícia, Posto da PM, unidade da Guarda Municipal; locais para realização de atividades esportivas e culturais;

– Dados não criminais, tais como: ocorrências de situações de violência na escola, evasão escolar (conforme nota técnica do IPEA, quanto maior tempo de permanência na escola, aumenta a possibilidade de não envolvimento em situações de crime e violência), natureza de atendimento nas Unidades Básicas de Saúde que podem indicar situações de violência nas famílias, contra crianças e adolescentes e/ou idosos, mulheres;

– Espaços urbanos e sua condição de desordem (pichação, lixo na rua, equipamentos de praça quebrados, falta de iluminação);

– Potencialidades: iniciativas da sociedade civil, conselhos comunitários;

– Situação habitacional (aglomerados habitacionais, habitações precárias);

– Ocorrências de menor potencial ofensivo: lesão corporal, calúnia, difamação, xingamentos; demonstra a forma que as pessoas se relacionam;

– E, se houver fôlego, elaboração de um diagnóstico comunitário, a partir dos problemas que afligem as pessoas de um determinado território.

A partir desse conjunto de informações é possível elaborar um plano/uma estratégia, que também envolva: a capacitação dos profissionais que irão atuar direta e indiretamente no programa (é muito importante que o servidor do financeiro esteja comprometido com o tema da prevenção, o compreenda e não boicote a atuação deste); a articulação com instituições de ensino superior (capacitação continuada, observatório da violência), com a sociedade civil que muitas vezes detém a expertise sobre determinado tema; com as diferentes políticas públicas que contribuem para uma atuação de resultado no território; e com a população, para que ela se aproprie dos espaços, dos projetos.

Além disso, é necessário manter um constante monitoramento e avaliação das ações, para verificar se elas estão efetivamente dando resultado e assumir o compromisso de reformulá-las/adequá-las para que cumpram seus objetivos de trazer segurança com cidadania para a população.

Para que tudo isso dê certo é imprescindível o compromisso do gestor maior do Estado ou do município, como o governador ou o prefeito, assim como a participação da sociedade no diálogo sobre a política pública de segurança e os seus resultados.

CAPÍTULO XVI

UMA NOVA VISÃO DO CONTROLE EXTERNO DA ATIVIDADE POLICIAL

Quando o Ministério Público busca alternativas para que a Segurança Pública seja tratada como um direito social, isso expressa a nossa luta em busca de uma sociedade em que as pessoas possam encontrar o caminho para o exercício pleno da cidadania.

MÁRIO SARRUBBO

Discutir o controle externo da atividade policial, um tema central no âmbito da Segurança Pública, exige uma digressão histórica para que possamos compreender o caminho que percorremos para chegar até aqui e de que forma é possível avançar.

É de conhecimento de todos que o Brasil, entre as décadas de 1960 e 1980, viveu sob uma ditadura. Esse foi um período muito triste para a população brasileira, na medida em que nós pudemos testemunhar a prática cotidiana de arbitrariedades de todos os tipos, incluindo aquelas que partiam das forças de segurança. Com a reintrodução do Estado Democrático de Direito no país, especialmente por conta da Carta Constitucional de 1988, a população brasileira passou a contar com um novo modelo de Ministério Público. A instituição, para além das suas atribuições no campo do processo penal, passou a zelar pela ordem democrática e transformou-se, por vontade do constituinte, na fiadora dos direitos sociais da população brasileira. No rol desses direitos, destaca-se a Segurança Pública. Claro, falamos da saúde, educação, do meio ambiente, da habitação, do lazer, mas a Segurança Pública também está lá como um dos direitos sociais garantidos pela Constituição Cidadã.

Esse novo arranjo institucional obrigou o Ministério Público a se reestruturar, criando Promotorias que antes eram inimagináveis. Surgiram então as Promotorias de Direitos Humanos com atribuições na área da saúde, da educação, da inclusão social, da infância e do idoso, bem como as Promotorias de Justiça do Meio Ambiente e da Habitação Urbanismo. Neste contexto, procurando enfocar o Controle Externo da Atividade Policial, outra função que lhe foi atribuída pela Carta Constitucional, o Ministério Público criou o Grupo Especial de Controle Externo da Atividade Policial (GECEP), com atribuição restrita em relação à Polícia Civil. O GECEP, em parceria com o Grupo de Atuação Especial de Combate ao Crime Organizado (GAECO), priorizou casos de corrupção, ajuizando medidas cautelares e inspecionando as delegacias. O controle externo da atividade policial militar, entretanto, ficou diluído, já que essa tarefa se dividiu entre os promotores de Justiça criminais em todo o Estado e os que atuam na Justiça Militar. Esse formato, em meu sentir, não é condizente com o espírito do texto constitucional.

Minha trajetória de mais de três décadas no Ministério Público, atuando majoritariamente na esfera penal, me possibilitou, mesmo antes de chegar à Procuradoria-Geral de Justiça, pensar em uma estratégia de atuação no tocante ao controle externo da atividade policial e à Segurança Pública. Era preciso que se fizesse uma reengenharia, mensurando os resultados palpáveis em prol da população.

Para tanto, nós precisávamos conversar com a sociedade, entender quais são as suas pautas prioritárias e, a partir deste diálogo, montarmos o nosso plano de atuação.

E esse diálogo com os movimentos sociais mostrou que era necessário que criássemos a Promotoria da Segurança Pública, a fim de que o Ministério Público pudesse ser mais propositivo, bem como pudesse fiscalizar o cumprimento das determinações legais e constitucionais no campo de Segurança Pública.

Quando se pensa a Segurança Pública, este sistema absolutamente complexo, que envolve, claro, inúmeras vertentes, faz-se necessário reconhecer a centralidade do aperfeiçoamento da Polícia Civil e da Polícia Militar, buscando um sistema de segurança republicano. A partir de 2017, o Ministério Público, dialogando com os movimentos sociais, com a Polícia Civil, com a PM, com os mais de 180 promotores criminais do Fórum da Barra Funda e com promotores de todo o Estado, passou a refletir sobre um novo modelo para a área. Avaliamos até mesmo a experiência em outros Estados para estruturar nosso projeto.

E esse projeto começa com um grupo de atuação especial para que se possa entender qual é o modelo ideal, para que se possa fazer os testes necessários e, a partir daí, implementar a Promotoria de Segurança Pública. Desde já, é possível sustentar que a Promotoria terá alcance regional. Não se pode trabalhar só Ribeirão Preto, Araçatuba ou Presidente Prudente. É fundamental trabalhar a Grande Ribeirão Preto, a Grande Araçatuba, a Grande Presidente Prudente, utilizando instrumentos da tutela coletiva, como o Inquérito Civil e a Recomendação, para propor, para fiscalizar e até mesmo para exigir que o poder público, efetivamente, consagre em prol da população um sistema de Segurança Pública que seja eficiente.

E um sistema eficiente pressupõe a diminuição da letalidade. Confronto não interessa para ninguém. Nós não queremos ver o policial morto, assim como não queremos ver o policial matando. Na visão do Ministério Público, operação policial de sucesso é operação policial em que o policial e o criminoso não perdem suas vidas e este último é conduzido íntegro, sem nenhuma lesão, ao sistema de Justiça, que deve funcionar com eficiência.

Em linhas gerais, é isso que prevê o projeto, por meio da Resolução n. 1.516/2022, que após um intenso diálogo institucional foi aprovada no mês de agosto pelo Órgão Especial do Colégio de Procuradores de justiça do Ministério Público. Neste momento, estamos implementando as condições para instalar os grupos. Primeiro aqui na Grande São Paulo. E depois avançando para o interior.

Para tanto, não basta arrumar uma mesa, um computador e uma cadeira em um espaço e colocar um ou dois promotores pensando em Segurança Pública. Não se trata disso. Nós vamos precisar de uma equipe, nós vamos precisar de profissionais capacitados, nós vamos precisar trabalhar com estatísticas, com números, nós vamos precisar ter uma visão social para entender um pouco qual é o público que está sendo atingido por estas políticas de Segurança Pública.

A ideia é montarmos uma estrutura que permita, efetivamente, que esses promotores possam intervir de forma positiva. Vamos trabalhar com números. Números são fundamentais. Qual é o batalhão da Polícia Militar, por exemplo, que tem um número maior, um índice maior de letalidade? Qual é esta região? Quais são as razões? Em contrapartida, qual é a região do estado de São Paulo onde nós encontramos os maiores índices de criminalidade, de tráfico, de roubo, de homicídios? E o que o poder público está fazendo em prol da população dessa região? Será que a Polícia Militar está estruturada de forma suficiente naquela região para trazer mais segurança para a população? Será que a Delegacia da Mulher está abrindo aos domingos para atender às mulheres que são vítimas de violência nos fins de semana, quando o companheiro consome álcool? Ou a Delegacia da Mulher fica fechada justamente quando os fatos ocorrem?

Um Estado Democrático de Direito pressupõe instituições fortes. E isso, evidentemente, requer remuneração adequada de seus profissionais. A Ouvidoria da Polícia fez pesquisa sobre mortes de civis por policiais, mortes de policiais na folga, no chamado bico, e também sobre suicídio policial. Tudo isso será objeto do trabalho deste grupo e da futura Promotoria de Segurança Pública, porque nós passaremos, sim, a dialogar. Poderemos, por exemplo, instaurar um Inquérito Civil para apurarmos como está a saúde mental dos policiais militares e civis. Porque a saúde mental desses policiais repercute na prestação do serviço de Segurança Pública. Um policial que vai às ruas mal remunerado, mal treinado ou com um problema de saúde mental oferece perigo para a sociedade, para o jurisdicionado a quem ele deve proteger. Nosso objetivo é criar as ferramentas para que o Ministério Público e a sociedade possam ser polos indutores da construção de uma Polícia Civil e de uma Polícia Militar cada vez mais fortes, cada vez mais efetivas e cada vez mais valorizadas.

Um sistema de segurança mais moderno e eficiente vai desestimular a política equivocada de facilitar o acesso da população às armas. O incentivo à cultura das armas vem sendo aceito pela sociedade com uma naturalidade que, em meu entendimento, é assustadora. Nota-se a ampliação de clubes de tiro, funcionando 24 horas. Tudo para legitimar o porte de armas. Com certeza, esse processo trará um aumento da violência a médio prazo, porque com um número muito grande de armas de fogo na mão da população haverá mais confrontos, algo que não podemos tolerar.

Enfim, quando o Ministério Público busca alternativas para que a Segurança Pública seja tratada como um direito social, isso expressa a nossa luta em busca de uma sociedade justa, solidária, fraterna, de uma sociedade em que não haja esse abismo que nós experimentamos hoje, que não haja racismo, em que as pessoas possam encontrar o caminho para o exercício pleno da cidadania. É essa a missão do Ministério Público. São esses os resultados que queremos alcançar também com a futura Promotoria de Justiça de Segurança Pública.

CAPÍTULO XVII

DADOS DA VIOLÊNCIA NO BRASIL: COMO ENFRENTÁ-LOS

Apesar dos avanços na legislação, o Brasil permanece como um país extremamente violento para meninas e mulheres. Apenas em 2021 foram 1.341 registros de feminicídios, 230.861 casos de agressão em decorrência de violência doméstica e 619.353 acionamentos do 190, um caso por minuto (FBSP, 2021).

SAMIRA BUENO

A violência contra meninas e mulheres não é um fato recente na história brasileira, mas a proposição de leis e políticas públicas para superá-la só se concretizou a partir dos anos 2000 com a sanção da Lei n. 11.340 de 2006, conhecida como Lei Maria da Penha, e incrementada ao longo dos anos com a mudança na lei do estupro em 2009, com a aprovação da Lei do Feminicídio em 2015, da importunação sexual em 2018, dentre outras.

Apesar destes avanços na legislação, o Brasil permanece como um país extremamente violento para meninas e mulheres. Apenas em 2021 foram 1.341 registros de feminicídios, 230.861 casos de agressão em decorrência de violência doméstica e 619.353 acionamentos do 190, um caso por minuto.[1]

---

1 FÓRUM BRASILEIRO DE SEGURANÇA PÚBLICA. *Visível e Invisível*: a vitimização de mulheres no Brasil. 3ª ed. 2021.

Este quadro se agravou durante a pandemia de Covid-19, pois tornou o acolhimento das vítimas e a prestação de serviços públicos ainda mais desafiador. Estes desafios, no entanto, não chegaram a ser novidade. Países atingidos por desastres e epidemias tendem a registrar cenários de estresse e mudanças repentinas em rotinas diárias, além de crescimento do desemprego e diminuição de recursos financeiros disponíveis.[2] Por exemplo, após a erupção do Monte St. Helens, em Othello, Washington, relatos de violência doméstica aumentaram em 46%, assim como ocorreu um aumento de consumo de álcool no período.[3] Também depois do Furacão Katrina, relatos de abuso psicológico entre mulheres aumentaram em 35%, enquanto os relatos sobre abuso físico quase dobraram nos condados ao sul do Mississippi,[4] sendo também verificado um aumento da demanda por serviços de apoio às mulheres vítimas de violência.[5]

Além disso, casos semelhantes foram relatados após terremotos, tsunamis, furacões e muitos outros eventos catastróficos em todo o mundo.[6] Especificamente no contexto de disseminação grave de doenças, temos o caso recente de epidemia de ebola na África Ocidental (2014-2016). À medida em que as medidas de

---

2 CAMPBELL, Andrew M. "An increasing risk of family violence during the Covid-19 pandemic: Strengthening community collaborations to save lives". *Forensic Science International: Reports*, 2020.

3 ADAMS, Paul R.; ADAMS, Gerald R. "Mount Saint Helens's ashfall: evidence for a disaster stress reaction". *American Psychologist*, 39, 1984.

4 SCHUMACHER, Julie A *et al.* "Intimate partner violence and Hurricane Katrina: predictors and associated mental health outcomes". *Violence Victims*, vol. 25, nº 5, 2010. Disponível em: doi:http://dx.doi.org/10.1891/0886-6708.25.5.588. Acessado em: 26.10.2022.

5 ENARSON, 1999 apud SCHUMACHER, Julie A. *et al.* "Intimate partner violence and Hurricane Katrina: predictors and associated mental health outcomes". *Violence Victims*, vol. 25, nº 5, 2010. Disponível em: doi:http://dx.doi.org/10.1891/0886-6708.25.5.588. Acessado em: 26.10.2022.

6 WEITZMAN, Abigail; BEHRMAN, Julia Andrea. "Disaster, disruption to family life, and intimate partner violence: the case of the 2010". *Sociological Science*, vol. 3, 2016.

isolamento social foram sendo aplicadas e as escolas foram fechando na região afetada pela doença, relatos de aumento da violência sexual, coerção e exploração contra mulheres e adolescentes foram sendo apontados. Apesar de organizações internacionais não governamentais relatarem um aumento de 19% da procura por parte de mulheres e adolescentes aos serviços de saúde e aconselhamento na região, os órgãos públicos destinados ao enfrentamento a violência de gênero não responderam corretamente ao aumento dessas demandas. Pelo contrário, na Serra Leoa, por exemplo, os serviços de proteção à mulher foram gravemente prejudicados à medida que os recursos financeiros e humanos foram diminuídos e reorientados. Também na Libéria, o acesso das mulheres aos serviços de saúde foi negado por receio de que os trabalhadores seriam infectados pela doença.[7]

Especificamente sobre a pandemia de Covid-19, o contexto brasileiro assemelha-se bastante aos casos apresentados, tanto pelos desafios de funcionamento dos serviços, como na situação de extrema vulnerabilidade em que as mulheres se encontraram. A pesquisa "Visível e Invisível: a vitimização de mulheres no Brasil",[8]

---

7 NEETU, John; CASEY, S.; CARINHO, Giselle; McGOVERN, Terry. "Lessons Never Learned: Crisis and genderbased violence". *Developing World Bioeth*, 2020. Disponível em: https://doi.org/10.1111/dewb.12261. Acessado em: 26.10.2022.

8 Com três edições já realizadas, é uma pesquisa quantitativa com abordagem pessoal dos entrevistados em pontos de fluxo populacional. A edição de 2021 foi realizada em 130 municípios de pequeno, médio e grande porte, no período de 10 a 14 de maio de 2021. A amostra total nacional foi de 2.079 entrevistas. A pesquisa teve um módulo específico de autopreenchimento, com questões sobre vitimização aplicadas somente às mulheres. As entrevistadas que aceitaram participar deste módulo responderam sozinhas as questões diretamente no tablet, após orientação do(a) pesquisador(a). A amostra total de mulheres foi de 1.089 entrevistas, sendo que destas 879 aceitaram responder o módulo de autopreenchimento. O universo da pesquisa é a população adulta brasileira de todas as classes sociais com 16 anos ou mais.

realizada pelo Fórum Brasileiro de Segurança Pública em parceria com o Instituto Datafolha e apoio da Uber mostrou que, nos doze primeiros meses da pandemia, uma em cada quatro mulheres com 16 anos ou mais sofreu alguma forma de violência no Brasil, que variou de ofensa verbal a espancamentos e outras formas graves de agressão física.[9] A pesquisa mostrou ainda que, dentre as mulheres que reconheceram ter sofrido alguma forma de violência no último ano, as condições de vida foram ainda mais precarizadas do que entre as demais mulheres. Quando questionadas, por exemplo, sobre redução da renda familiar, 50,4% das mulheres que não sofreram violência responderam afirmativamente, mas entre as mulheres que sofreram violência o percentual que viu a renda familiar diminuir chegou a 61,8%. A perda de emprego também foi mais elevada entre as vítimas de violência, chegando a 46,7%, enquanto foi de 29,5% entre aquelas que não sofreram violência; o medo de perder o emprego foi mais intenso entre as mulheres que sofreram violência, chegando a 39,2%, enquanto entre as que não sofreram violência esse percentual foi de 33,3%; e, por fim, mulheres que sofreram violência relataram maiores níveis de estresse em casa em função da pandemia (68,2%) do que aquelas que não sofreram violência (51%). (Gráfico 1).

Este contexto se torna ainda mais grave na medida que os dados da pesquisa indicam que 6 em cada 10 mulheres que relataram ter sofrido violência tinham filhos, na evidência de que a violência doméstica não afeta apenas a mulher, mas toda a família. Chama a atenção que o percentual de mulheres mães é ainda maior nos casos mais graves de violência física: 79,9% das vítimas de esfaqueamento ou tiro eram mães e 74,3% das que foram espancadas. (Gráfico 2).

---

9 O estudo completo está disponível em: FÓRUM BRASILEIRO DE SEGURANÇA PÚBLICA. *Visível e Invisível*: a vitimização de mulheres no Brasil. 3ª ed. 2021. Disponível em: https://forumseguranca.org.br/wp-content/uploads/2021/06/relatorio-visivel-e-invisivel-3ed-2021-v3.pdf. Acessado em: 26.10.2022.

Gráfico 1: Nos últimos 12 meses, desde que a pandemia de covid-19 começou no Brasil, algumas dessas mudanças foram sentidas em sua vida? Brasil, 2021. (%)

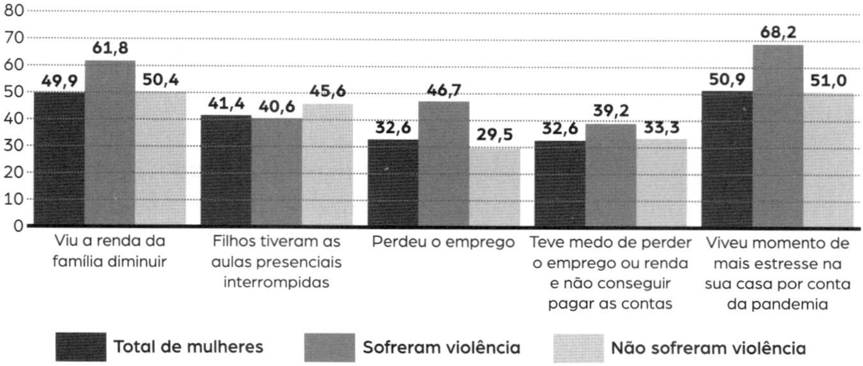

Fonte: Visível e Invisível: a vitimização de mulheres no Brasil. Fórum Brasileiro de Segurança Pública.

Gráfico 2: Vitimização de mulheres por tipo de agressão, por ter ou não ter filhos no último ano. Brasil, 2021.

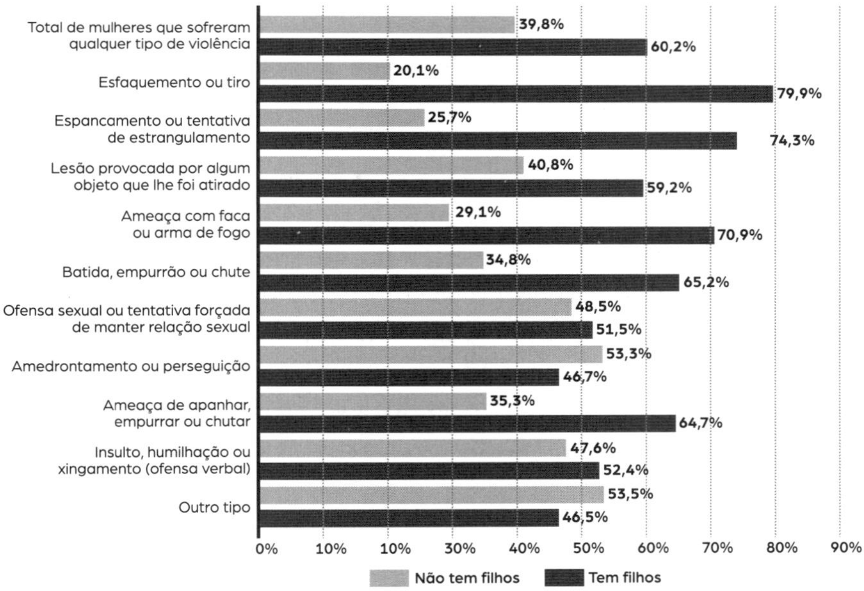

Fonte: Fórum Brasileiro de Segurança Pública. Instituto Datafolha. Pesquisa Visível e Invisível: a vitmização de mulheres no Brasil, edição 3. Apenas mulheres

Esta informação remete a outro dado importante, calculado pelo Fórum Brasileiro de Segurança de Segurança Pública, que mensura o total de órfãos do feminicídio. É importante destacar que, quando falamos de feminicídio a criança fica órfã duplamente, dado que na maioria das vezes o autor do homicídio da mãe é o pai ou padrasto. Apenas em 2021, nós estimamos que os feminicídios tenham deixado 2.321 órfãos em todo o país.

Outra face menos explícita da violência doméstica, mas que deixa marcas profundas em quem a sofre é a violência sexual. Ano passado foram registrados 66.020 casos de estupro e estupro de vulnerável em delegacias de polícia, dos quais 79,6% a vítima afirmou conhecer o autor da violência. Apesar da magnitude, estes números decorrem dos registros de boletins de ocorrência e, portanto, é de se esperar que sejam ainda maiores. Nos EUA, que produz anualmente pesquisas de vitimização, a última edição do boletim Vitimização Criminal do BJS[10] indicou que apenas 22,9% das vítimas de violência sexual reportaram o crime à polícia, o que nos ajuda a pensar sobre o tamanho da subnotificação.

Mas, ainda que se reconheça que os dados revelem apenas a ponta do iceberg, a gravidade do cenário que expõem é avassaladora. Segundo o Anuário Brasileiro de Segurança Pública em sua edição mais recente, 75,5% dos estupros são de pessoas consideradas vulneráveis, seja porque tinham menos de 14 anos quando da ocorrência do crime, ou porque eram incapazes de dar consentimento por algum tipo de enfermidade, deficiência ou alteração de seu estado mental. No último ano, em 61,3% dos casos as vítimas tinham no máximo 13 anos, perfil que tem se acentuado. Isso significa dizer que a maioria dos estupros que chegam até as autoridades policiais no Brasil são de crianças, o que representa

10 MORGAN, Rachel; THOMPSON, Alexandra. "Criminal Victimization, 2020". *Bureau of Justice Statistics*, out. 2021. Disponível em: https://bjs.ojp.gov/sites/g/files/xyckuh236/files/media/document/cv20.pdf. Acessado em: 26.10.2022.

um desafio extra tanto em relação à responsabilização do autor, como em relação à proteção da vítima.

A maioria das vítimas é do sexo feminino (88,2%), e o volume mais significativo de vítimas do sexo masculino ocorre nos primeiros anos de infância. Entre as vítimas do sexo feminino os registros crescem até atingir o máximo entre meninas de 13 anos. Já entre as vítimas do sexo masculino, elas são mais jovens, com grande concentração até os 9 anos. Em 76,5% dos casos, o abuso sexual das crianças ocorreu dentro de casa, sendo que 82,5% dos autores eram conhecidos das vítimas, sendo a maioria familiares (pais, padrastos, primos, irmãos, tios, avós) e 95,4% dos autores eram do sexo masculino.

Os dados aqui apresentados tiveram por objetivo introduzir a discussão sobre a violência de gênero no Brasil para um público menos familiarizado com estes números. Mais do que alertar sobre a gravidade do cenário, cumprem aqui dois objetivos: 1) chamar a atenção da importância de se priorizar a temática de gênero nas instituições policiais e no sistema de justiça, compreendendo o papel que estes atores têm na prevenção e enfrentamento à violência contra meninas e mulheres; e 2) ampliar o conhecimento sobre o tema, destacando que o lar e a família, infelizmente, podem ser espaços de muita violência, o que exige necessariamente políticas públicas com recursos financeiros e humanos para o acolhimento das vítimas.

Referências bibliográficas

ADAMS, Paul R.; ADAMS, Gerald R. "Mount Saint Helens's ashfall: evidence for a disaster stress reaction". *American Psychologist*, 39, 1984.

CAMPBELL, Andrew. M. "An Increasing increasing Risk risk of Family family Violence violence during the Covid-19 Pandemicpandemic: Strengthening Community community Collaborations collaborations to Save save Liveslives". *Forensic Science International: Reports*, 2020.

FÓRUM BRASILEIRO DE SEGURANÇA PÚBLICA. *Anuário Brasileiro de Segurança Pública*. ano 16, 2022. Disponível em: https://forumseguranca.org.br/anuario-brasileiro-seguranca-publica/. Acessado em: 26.10.2022.

______. *Visível e Invisível*: a vitimização de mulheres no Brasil. 3ª ed. 2021. Disponível em: https://forumseguranca.org.br/wp-content/uploads/2021/06/relatorio-visivel-e-invisivel-3ed-2021-v3.pdf. Acessado em: 26.10.2022.

MORGAN, Rachel; THOMPSON, Alexandra. "Criminal Victimization, 2020". *Bureau of Justice Statistics*, out. 2021. Disponível em: https://bjs.ojp.gov/sites/g/files/xyckuh236/files/media/document/cv20.pdf. Acessado em: 26.10.2022.

NEETU, John; CASEY, S.; CARINHO, Giselle; McGOVERN, Terry. "Lessons Never Learned: Crisis and genderbased violence". *Developing World Bioeth*, 2020. Disponível em: https://doi.org/10.1111/dewb.12261. Acessado em: 26.10.2022.

SCHUMACHER, Julie A. *et al.* "Intimate partner violence and Hurricane Katrina: predictors and associated mental health outcomes". *Violence Victims*, vol. 25, nº 5, 2010. Disponível em: doi:http://dx.doi.org/10.1891/0886-6708.25.5.588. Acessado em: 26.10.2022.

WEITZMAN, Abigail; BEHRMAN, Julia Andrea. "Disaster, disruption to family life, and intimate partner violence: the case of the 2010". *Sociological Science*, vol. 3, 2016.

CAPÍTULO XVIII

A REVOLUÇÃO INVISÍVEL

As primeiras experiências de políticas e gestão qualificadas na Segurança Pública no Brasil, nos anos 2000, não se basearam em resultados de experimentos controlados, mas na observação do que estaria dando certo em outros países e na adaptação daquelas ações à nossa realidade.

DANIEL CERQUEIRA

Introdução

Entre 1980 e 2017 o Brasil experimentou uma escalada da violência armada, quando a taxa de homicídio aumentou 170%, atingindo o ápice de 31,6 mortes por 100 mil habitantes. Nesse período, em apenas dois momentos observou-se dois anos consecutivos de redução das mortes. Em 1991 e 1992, após o crescimento excepcional[1] da letalidade em 1990; e em 2004 e 2005, após o Estatuto do Desarmamento de 2003. A partir de 2018 iniciou-se uma tendência de forte queda nas Mortes Violentas Intencionais (MVI), que continuaram a cair em 2019, cresceram em 2020, mas apresentaram novo recuo

1 O que pode indicar um processo de retorno à média de crescimento da letalidade, uma vez que claramente a taxa de homicídio de 1990 é um ponto fora da curva.

em 2021, fazendo com que entre 2017 e 2021 a taxa de MVI diminuísse 27,8%.

No presente artigo, objetivamos jogar luz sobre um fenômeno pouco falado e mesmo percebido pela grande imprensa e especialistas, que tem contribuído para esse movimento de redução das mortes violentas intencionais: um processo de mudança qualitativa na produção da política e gestão de Segurança Pública no Brasil, baseada em evidências e no método científico. Além de traçarmos um breve retrospecto histórico acerca da evolução da criminalidade violenta nas últimas décadas, destacamos, ao final, os principais ingredientes nessa jornada qualificadora para as políticas efetivas de Segurança Pública.

1 Breve retrospecto histórico

Entre as décadas de 1960 e 1980 o Brasil passou pela maior transição social da sua histórica, deixando de ser um país com população majoritariamente rural. Em dez anos, até 1980, o número de pessoas residentes nos grandes centros urbanos aumentou cerca de 54%. Iniciava os anos 1980 e vários dos nossos grandes problemas de políticas públicas que vemos na atualidade já estavam presentes. Cidades inchadas, desorganização urbana e um Estado burocrático organizado para prestar serviços públicos básicos à população de forma inercial; e completamente despreparado para os desafios e demandas de uma complexa sociedade urbana.

Para piorar, os equívocos do governo militar na área econômica,[2] na década de 1970, custaram caro. O segundo choque no preço do petróleo aliado ao aumento substancial da taxa internacional de juros, a partir de 1979, tornou o financiamento da dívida externa brasileira inviável. Como consequência, o país ficou insolvente perante os mercados financeiros internacionais e logrou forte estagnação da

2 A abordagem baseava-se em crescimento com endividamento externo e importação de petróleo.

renda e do emprego, hiperinflação e concentração de renda, num período que ficou conhecido como a década perdida.

Neste cenário, de desorganização e adensamento urbano, onde faltava emprego e sobravam tensões sociais, os incentivos a favor da escalada da violência estavam dados. Diante desse enorme desafio, o Estado oferecia uma solução absolutamente anódina, operando verdadeiros "cordões sanitários de policiamento" em torno dos bairros nobres das cidades e baseando as ações coercitivas no policiamento ostensivo e na prisão de pequenos criminosos, geralmente presos em flagrante. Era a política de Segurança Pública inercial, baseada na hipertrofia da Polícia Militar e na crença de que a visibilidade policial nas ruas e o encarceramento de negros e pobres seria uma resposta à altura aos complexos problemas de ordem pública.[3]

Enquanto isso, à vista das autoridades, prosperavam os grupos de extermínio e os chamados esquadrões da morte, semente das milícias atuais. Por outro lado, sem o Estado propiciar respostas efetivas para a segurança, a população acedeu ao canto da sereia do uso da arma de fogo para a defesa pessoal, jogando mais lenha na fogueira da letalidade violenta. Estavam consolidadas as bases para a escalada da violência letal no Brasil nos anos 1980 e 1990.

2 Da política inercial à política baseada em evidências

Outro legado do período militar se deu com uma tomada imiscível de posições entre os operadores da Segurança Pública e pesquisadores e cientistas da área. Até a década de 1990, enquanto os últimos tendiam a ver os policiais como agentes da ditadura militar, esses refutavam qualquer contribuição vinda da academia,

---

3 E foi assim que a população prisional no Brasil passou de 50.802 em 1981 para 919.651 em 2022, um crescimento de mais de 1.700% no período. Ver CERQUEIRA, Daniel Ricardo de Castro. *Causas e Consequências do Crime no Brasil*. Rio de Janeiro: BNDES, 2014. (Tese de Doutorado).

uma vez que que esses tais "especialistas" sabiam apenas teorizar sobre algo que desconheciam na prática, pois "nunca trocaram tiros com criminosos nem prenderam ninguém", conforme repetido exaustivamente por muitos. Com efeito, o preconceito de parte a parte inviabilizava qualquer diálogo e aprendizado mútuo.

Ao contrário da nossa experiência, desde a década de 1960, em outros países – sobretudo aqueles de tradição anglo-saxônica – as grandes inovações e aprimoramento nas políticas e ações de Segurança Pública surgiram exatamente desse congraçamento de saberes para a formação de massa crítica, sobre o que funciona e é efetivo, no que passou a ser conhecido como "política baseada em evidências".[4]

Entre a era inercial da Segurança Pública e as primeiras experiências baseadas em evidências no Brasil, nos anos 2000, houve um interstício para acumulação de massa crítica, quando alguns pesquisadores e policiais passaram a dialogar de forma mais produtiva e contínua a partir dos anos 1990.

Alguns desses primeiros pioneiros foram listados na obra de Lima e Ratton,[5] que citam, entre muitos outros, Antônio Paixão e Edmundo Coelho, em Minas Gerias; Alba Zaluar, Luiz Eduardo Soares, Roberto Kant de Lima e Michel Misse no Rio de Janeiro, Paulo Sergio Pinheiro, Benedito Mariano e Sergio Adorno, em São Paulo, além de César Barreiro e José Vicente Tavares dos Santos, no Ceará e Rio Grande do Sul, respectivamente. Entre os policiais, muitos contribuíram relevantemente para o debate, seguindo uma trilha desbravada pelos Cels. Nazaré Cerqueira e Jorge da Silva.

---

4 No campo da Segurança Pública, o exemplo mais interessante sobre como os experimentos e métodos científicos têm sido empregados para direcionar políticas efetivas pode ser visto no site da organização Campbell Collaboration: https://www.campbellcollaboration.org/.

5 LIMA Renato Sérgio de; RATTON José Luiz (Coord.). *As ciências sociais e os pioneiros nos estudos sobre crime, violência e direitos humanos no Brasil*. São Paulo: Fórum Brasileiro de Segurança Pública; Urbania; ANPOCS, 2011.

A semente da transformação qualificadora na política de Segurança Pública no Brasil estava plantada. Em julho de 2000 ocorre um fato simbólico e de grande repercussão nacional – a morte da professora Geiza, no ônibus 174, no Rio de Janeiro – que demarcou o limiar das primeiras experiências de políticas efetivas baseadas em evidências. Nesse mesmo mês, o Governo Fernando Henrique Cardoso pela primeira vez entrou de forma mais assertiva na agenda de Segurança Pública, inaugurando o (primeiro) Plano Nacional de Segurança Pública, criando o Fundo Nacional de Segurança Pública, e multiplicando por 10 os recursos do Fundo Penitenciário Nacional. Naquele ano houve eleições municipais e, pela primeira vez na história recente, a agenda de Segurança Pública foi debatida no debate eleitoral para prefeitos. Desse ano em diante o número de Guardas Municipais se multiplicou no país.

A partir daquele momento, pesquisadores, gestores da Segurança Pública e policiais passaram a se debruçar sobre as experiências internacionais onde se conseguiu reduzir a taxa de crimes, em relativo curto período de tempo. Um exemplo clássico foi o de Nova Iorque, do prefeito Rudy Giuliani e seu Comissário de Polícia William Bratton, quando a taxa de homicídio foi reduzida em 65% em meados da década de 1990. Outros exemplos recorrentes foram os das cidades colombianas Bogotá e Medellín.

Nesse processo de debate e acúmulo de massa crítica sobre o que funciona ou não para prevenir crimes, cabe uma nota especial ao papel desempenhado pelo Fórum Brasileiro de Segurança Pública, uma organização não governamental singular, que mobilizou centenas de pesquisadores, policiais, operadores da Justiça Criminal e gestores da área pelo Brasil afora, num diálogo muitas vezes duro, mas extremamente enriquecedor.

As primeiras experiências de políticas e gestão qualificadas na Segurança Pública no Brasil, nos anos 2000, não se basearam em resultados de experimentos controlados ou em meta-análises da literatura sobre o que funciona ou não para prevenir e controlar crime. Essas basearam-se na observação do que estaria dando certo em outros países, como os exemplos supramencionados, e na adaptação daquelas ações à nossa realidade.

Foi assim que, já em 2000, São Paulo inaugurou o Infocrim, inspirado no Compstat de Nova Iorque, da mesma forma como Minas Gerais implantou o IGESP e o Programa Fica Vivo, em 2003. Na contramão da escalada de homicídios no Nordeste, Pernambuco que, desde 1980, revezava a primeira posição da Unidade Federativa mais violenta do país, implantou em 2007 o Pacto pela Vida (inspirado nos exemplos colombianos) e reverteu a taxa de letalidade no Estado. Seguindo esse modelo, o Espírito Santo e a Paraíba lançaram em 2011 o "Estado Presente"[6] e o "Paraíba Unida pela Paz". Mais recentemente, em 2019, o Pará e o Rio Grande do Sul inauguraram o "Territórios da Paz" e o "RS Seguro", respectivamente. Tais iniciativas chegaram a derrubar a mais da metade a taxa de homicídio em alguns Estados.

Essa revolução invisível e qualificadora no método de planejamento e gestão no campo da Segurança Pública nos Estados se espraiou para vários municípios do país, a partir da década de 2010, primeiro no Sul e depois avançando para outras Regiões.

Em junho de 2022, o FBSP, o Instituto Sou da Paz e o Instituto Jones dos Santos Neves promoveram em Vitória, a 1ª Oficina de Trabalho sobre Gestão e Políticas Efetivas de Segurança Pública do Brasil, que contou com comitiva de secretários e gestores de Segurança Pública dos estados do Espírito Santo, São Paulo, Rio Grande do Sul, Pernambuco, Paraíba e Pará.

---

6 Um grande exemplo dessa revolução invisível foi o Programa Estado Presente, cuja avaliação de impacto foi feita por Cerqueira (CERQUEIRA, Daniel Ricardo de Castro *et al. Uma avaliação de impacto de política de Segurança Pública*: o Programa Estado Presente do Espírito Santo. Rio de Janeiro: ANPEC, 2018), o que permitiu com que 10 anos depois de iniciado, o programa tivesse contribuído para uma redução de cerca de 55% das mortes e a menor taxa de letalidade violenta dos últimos 33 anos.

Nesse encontro foi assinada a "Carta de Vitória"[7] que resumiu os elementos mais importantes presentes em todas essas boas experiências, que contribuíram para essa revolução invisível, que destacamos abaixo.

Compromisso pessoal do governador como principal fiador da política e líder no processo de articulação das forças sociais e estatais;

Políticas baseadas em evidências científicas e em um modelo profissional de gestão, baseado em diagnóstico territorial, planejamento, monitoramento e avaliação contínua das ações, com foco em resultados a favor da diminuição de crimes e aumento da sensação de segurança;

Implantação de um sistema de governança que permita identificar os problemas assim que eles surjam, além de articular e mobilizar diferentes atores estatais e sociais para a solução e mitigação dos mesmos;

1. Compromisso indelével com os direitos humanos e com o uso da força pelas polícias na exata proporcionalidade, legitimidade e legalidade;

2. Integração de todas as agências e organizações do sistema de Justiça Criminal, entre as quais a Polícia Militar, Polícia Civil, Guardas Municipais, Defensoria Pública, Ministério Público e Poder Judiciário;

3. Foco no controle e retirada de armas de fogo das ruas;

4. Qualificação do trabalho policial, com valorização e capacitação profissional, para que as corporações tenham um enfoque estratégico, orientado para as prisões de homicidas

---

7 Ver IJSN. "Espírito Santo sedia 1ª oficina sobre Gestão e Políticas Efetivas de Segurança Pública do País". *IJSN*, 21 jun. 2022. Disponível em: http://www.ijsn.es.gov.br/artigos/6251-espirito-santo-sedia-1-oficina-sobre-gestao-e-politicas-efetivas-de-seguranca-publica-do-pais. Acessado em: 26.10.2022.

e criminosos contumazes que mais danos causam à sociedade, a partir de um trabalho intensivo de inteligência e de análise criminal; e;

5. Estabelecimento de uma política intersetorial de prevenção social ao crime, com focalização nas crianças e jovens residentes nos territórios mais violentos, em que o Estado ocupa o espaço com ações para o desenvolvimento da primeira infância, educação, cultura, artes, qualificação profissional e modelos alternativos de vida para que a criança e o jovem de hoje possam sonhar e seguir uma trajetória de vida apartada do mundo do crime organizado e desorganizado.

Em resumo, conforme explicitado na carta, as políticas adotadas nessas Unidades Federativas foram e são orientadas por alguns princípios cruciais, de preservação da vida, de Justiça Social e do uso da ciência e da inteligência para pautar as ações, com a refutação do negacionismo científico e do discurso vazio das soluções mágicas que nunca funcionaram no Brasil.

Referências bibliográficas

CERQUEIRA, Daniel Ricardo de Castro. *Causas e consequências do crime no Brasil*. Rio de Janeiro: BNDES, 2014. (Tese de Doutorado).

CERQUEIRA, Daniel Ricardo de Castro *et al*. *Uma avaliação de impacto de política de Segurança Pública*: o Programa Estado Presente do Espírito Santo. Rio de Janeiro: ANPEC, 2018.

IJSN. "Espírito Santo sedia 1ª oficina sobre Gestão e Políticas Efetivas de Segurança Pública do País". *IJSN*, 21 jun. 2022. Disponível em: http://www.ijsn.es.gov.br/artigos/6251-espirito-santo-sedia-1-oficina-sobre-gestao-e-politicas-efetivas-de-seguranca-publica-do-pais. Acessado em: 26.10.2022.

LIMA, Renato Sérgio de; RATTON, José Luiz (Coord.). *As ciências sociais e os pioneiros nos estudos sobre crime, violência e direitos humanos no Brasil*. São Paulo: Fórum Brasileiro de Segurança Pública; Urbania; ANPOCS, 2011.

PARTE II

DIRETRIZES GERAIS

AS DIRETRIZES PARA UMA SEGURANÇA PÚBLICA DEMOCRÁTICA, CIDADÃ E ANTIRRACISTA

É para contribuir com o debate plural e democrático, condição necessária para construir um novo modelo de segurança pública no país, que tenha como pressuposto estratégico, um novo paradigma para o setor, pautado nos valores da democracia, cidadania e enfrentamento sistemático ao racismo estrutural, que Núcleo de Segurança Pública na Democracia do IREE lança "As Diretrizes para uma Segurança Pública Democrática, Cidadã e Antirracista". São propostas Estruturantes Constitucionais e Infraconstitucionais, algumas poderão ser implementadas a curto prazo e outras a médio e longo prazos, mas todas indicam para a necessidade de repensar o sistema de segurança pública brasileiro, que ainda persiste com culturas e estruturas que não coadunam com a legalidade democrática do século XXI.

I. Reformas Constitucionais para uma Segurança Pública Democrática, Cidadã e Antirracista

O governo federal deve ter o papel de coordenação da Política Nacional de Segurança Pública e de apoio às políticas estaduais e municipais de segurança cidadã. Cabe à União ser propositiva e indutora das propostas de reformas constitucionais, articulando-se com o Congresso Nacional, com a sociedade civil, com os governadores dos Estados e do Distrito Federal e com os profissionais de Segurança Pública, através de suas representações de classe.

1. Propor o Princípio do Ciclo Completo da atividade policial na Constituição

Umas das marcas do atual sistema de Segurança Pública, que foi criado e estrutura no período Imperial e que se manteve na República, é que nenhuma Polícia Estadual realiza o ciclo completo da atividade policial, que se caracteriza por realizar investigação e policiamento ostensivo preventivo e repressivo. Estas duas naturezas da atividade policial são divididas historicamente em duas instituições: Polícia Civil e Polícia Militar.

Portanto, o foco principal da reconfiguração do artigo 144 da CF, passa por estabelecer o Princípio do Ciclo Completo da Atividade Policial na Constituição Federal. Enquanto não se dá esta mudança estrutural, as Polícias Estaduais, na prática, misturam suas atribuições. Esta estrutura de dividir o ciclo completo da atividade policial em duas instituições, além de criar conflitos operacionais, não tem referência em praticamente nenhuma polícia do mundo.

2. Revisão do Instituto do Inquérito Policial

O Instituto do Inquérito Policial (IP), criado em 1871 na Reforma Judiciária do Império, se manteve na República. O formato do IP é uma das marcas da tradição de ciclo incompleto da atividade policial. **Portanto, criar o princípio constitucional de ciclo completo passa necessariamente pela revisão do Instituto do IP**, que, na prática, burocratizou a Polícia Civil. Um dos exemplos da ineficácia do IP é que, em média, nem 10% dos crimes cometidos no país são esclarecidos.

3. As Polícias Militares deixarem de ser forças auxiliares e reserva do Exército Nacional

A realização do policiamento ostensivo por instituições de natureza militar é uma característica da Segurança Pública brasileira desde antes da República. A ditadura militar aperfeiçoou esta tradição com a criação das policiais militares em todos os Estados e no Distrito Federal a partir de 1970. Os governos militares extinguiram 15 Guardas Civis Estaduais que existiam em 15 Estados Federados: São Paulo, Rio de Janeiro, Espírito Santo, Bahia, Pernambuco, Paraíba, Rio Grande do Sul, Paraná, Rio Grande do Norte, Pará, Amazonas, Ceará, Minas Gerais, Goiás e Sergipe. A partir daí, as Polícias Militares estaduais passaram a ter dois comandos.

Em 30 de setembro de 1983, o então Presidente João Figueiredo edita o Decreto n. 88.777, conhecido como R200, em vigor até hoje, aprovando o regulamento para as Polícias Militares e Corpos de Bombeiros Militares. Tal regulamento estabeleceu que cabe ao Exército o **Controle e a Coordenação das Policiais Militares (artigo 1º).**

Se cabe ao Exército o Controle e a Coordenação, aos Estados e ao Distrito Federal **cabe Orientação e Planejamento.**

O referido Decreto, ainda vigente, demostra que as Polícias Militares vivem um conflito de estrutura, de organização e de comando, pois reportam-se, na prática, a duas instâncias distintas e de esferas administrativas diferentes: uma federal e outra estadual.

A Constituição Democrática de 1988 manteve este conflito ao estabelecer, em seu artigo 144, parágrafo 6°, que as Polícias Militares e os corpos de bombeiros militares são forças auxiliares e reserva do Exército.

Isto criou uma dicotomia estrutural nas Polícias Militares. Elas têm uma função de caráter civil, que é o policiamento ostensivo, e uma estrutura de caráter militar, sob Controle e Coordenação do Exército.

Portanto, **estabelecer o princípio constitucional de polícias de ciclo completo passa, necessariamente, pelas Polícias Militares e os Corpos de Bombeiros Militares dos Estados e do Distrito Federal deixarem de ser consideradas forças auxiliares e reserva do Exército.**

II. Propostas infraconstitucionais de Competência do Governo Federal

1. Retomar o Programa Nacional de Segurança Pública com Cidadania – PRONASCI

O PRONASCI foi o maior programa de integração na Segurança Pública criado na República, sob a gestão do Presidente Luiz Inácio Lula da Silva.

Uma das maiores contribuições do PRONASCI foi, pela primeira vez, incluir os municípios na lógica da Segurança Pública, garantindo milhões de reais em financiamento para programas e projetos de prevenção à violência. Das 94 ações previstas no programa federal, cerca de 50% delas eram destinadas à programas e projetos na esfera municipal.

Retomar o PRONASCI, com destinação adequada de recursos, é garantia de ampliar a prevenção da violência e do crime.

Apontamos, a seguir, algumas iniciativas que poderão ser implementadas no PRONASCI:

a) **Instituição de Programa de Formação e Qualificação Profissional, através de cursos em EAD,** remunerados com bolsas do Governo Federal, em convênio com os governos estaduais e municipais. Os valores devem, progressivamente, compor a remuneração dos policiais e guardas civis municipais, até alcançarem um piso mínimo, ajustado entre Estados, municípios e União Federal.

b) **Garantir recursos para Instalação de Postos de Policiamento de Proximidade** nas regiões mais assediadas pelo crime, visando integrar a PM, Guardas Civis Municipais, Defensoria Pública e Polícia Civil. Tais postos devem se articular com os Gabinetes de Gestão Integrada – GGI regionais ou locais. Junto a isso, faz-se importante o desenvolvimento de programas habitacionais para policiais, nas regiões destes Postos, para promover interação social entre as polícias e comunidade.

c) **Criação da Escola Nacional Central de Segurança Pública,** de nível médio, por parte do governo federal, especialmente destinada à formação de agentes dos Estados e municípios, treinados para serem aplicadores e difusores das diversas formas de Policiamento de Proximidade, Mediação de Conflitos e Uso Progressivo da Força.

d) **Revisão da Lei n. 13.675/18, Lei do SUSP** – Sistema Único de Segurança Pública, para resgatar o caráter de reforma estrutural do sistema de Segurança Pública que pautava a ideia inicial de sua criação.

e) **Destinar recursos da União aos municípios** que apresentem Programa de Segurança Municipal Cidadã com foco na Prevenção da Violência e do Crime e no fortalecimento da Guarda Civil Municipal Preventiva e Comunitária.

2. Reorganização e ampliação da Força Nacional, na perspectiva de transformá-la em uma Guarda Nacional de Caráter Civil

Hoje a Força Nacional é uma Força Policial “ambígua”. Seu efetivo é composto por policiais dos Estados. Na reorganização e ampliação da Força Nacional, esta poderia, a curto e médio prazos, se transformar numa verdadeira instituição policial nacional, com estrutura hierárquica e corpo próprio de policiais. Isso demandaria a realização de concurso público e estruturação de plano de cargos, salários e carreira e de um código de conduta próprio.

Seria uma nova instituição policial da União: **Guarda Nacional de Caráter Civil,** que seria empregada em apoio aos Estados no enfrentamento ao crime organizado, nas Fronteiras e no combate aos crimes ambientais. Com uma Guarda Nacional de Caráter Civil, diminuiria o emprego das FFAA (GLO) na Segurança Pública.

3. Instituir Programa Nacional de Redução de Homicídios e Mortes Violentas

Mesmo com a pandemia do Covid-19, que diminuiu em várias cidades a circulação de pessoas devido a acertada política de isolamento social adotada, os homicídios no país ainda estão num patamar muito alto. Ao Instituir o Programa Nacional de Redução dos Homicídios e Mortes Violentas, o governo federal deve induzir os Estados e o Distrito Federal para também criarem programas regionais ou locais de redução dos homicídios e mortes violentas.

Fundamental priorizar neste programa, o enfrentamento à violência contra a mulher. Segundo dados do Fórum Brasileiro de Segurança Pública, **2.451** mulheres foram assassinadas pela sua condição de mulher desde o início da pandemia do Covid-19. Em 2021, o Brasil registrou um estupro de mulher a cada 10 minutos e um feminicídio a cada 7 horas. Os dados da violência contra as mulheres são absurdos.

4. Instituir Disciplina sobre o Racismo Estrutural nas Escolas de Formação das polícias e Novos Protocolos Operacionais de Abordagem

A cultura oligárquica ainda presente no atual sistema de Segurança Pública tem como marca o preconceito histórico contra pobres e negros. Os mais de 350 anos de escravidão moldaram um sistema de Segurança Pública que vê o negro como estereótipo de marginal. A letalidade policial nunca foi aleatória no Brasil.

Portanto, a construção de um novo modelo de Segurança Pública no Brasil passa por incluir a luta antirracista nas instituições policiais.

A criação de disciplina sobre Racismo Estrutural nas Escolas de Formação, em caráter obrigatório, e de novos Protocolos Operacionais de Abordagem nas Polícias da União, dos Estados e do Distrito Federal, são fundamentais para construção de uma polícia democrática, cidadã e antirracista.

5. Instituir Nova Política de Drogas

A política de drogas vigente não diferencia traficantes de usuários de droga.

Uma nova política de drogas deve priorizar o enfrentamento ao comércio e ao tráfico de drogas ilícitas, atuando com inteligência para mapear as estruturas do tráfico nacional e internacional, de forma a gerar uma repressão qualificada a esta modalidade de crime organizado.

Por outro lado, é imperativo a não criminalização dos usuários de drogas ilícitas, que devem ser tratados sob o prisma da saúde pública. Programas Interdisciplinares de Redução de Danos, como o implementado em São Paulo para usuários de crack durante a gestão do ex-prefeito Fernando Haddad, demostram ser uma estratégia exitosa para enfrentar a questão.

6. Criação do Ministério da Segurança Pública

Para que se realizem as reformas constitucionais e infraconstitucionais na perspectiva de construção de uma Segurança Pública Democrática, Cidadã e Antirracista é fundamental que haja um órgão gestor próprio para a Segurança Pública.

As polícias da União (nelas incluídas a futura Guarda Nacional de Caráter Civil) e a Secretaria Nacional de Segurança Pública deverão ser órgãos subordinados a este Ministério específico. O Ministério da Justiça tem outras atribuições relevantes, e as mudanças no sistema de Segurança Pública necessitam de ter uma centralidade, de forma que seja possível 1 duzir as reformas necessárias.

7. Prioridade no Enfrentamento das Organizações Criminosas

Um dos principais desafios do setor de Segurança Pública é o enfrentamento às organizações criminosas. As milícias ocupam vários territórios no Rio de Janeiro, e o tráfico de drogas outros. Organizações criminosas estão presentes em grande parte das unidades prisionais. A chamada guerra as drogas fazem com que volume significante de nossa população carcerária seja composta por pessoas com envolvimento em crimes relacionados à drogas (39% em média). Grande parte destas, porém, são detidas com pequenas quantidades de substâncias ilícitas e, uma vez na prisão, acabam cooptadas pelas organizações criminosas que atuam nos presídios.

As quadrilhas fortemente armadas têm efetuados grandes roubos na região metropolitana das cidades e no interior, e não é residual o envolvimento de agentes e ex-agentes do Estado com o crime organizado.

Pesquisa realizada pela Ouvidoria da Polícia de São Paulo em 2019, analisando as ocorrências de mortes em decorrência de intervenção policial no ano de 2017, mostra que apenas 1% delas se relacionavam ao enfrentamento às organizações criminosas. A polícia tem dificuldades em enfrentar o grande crime.

Diante deste quadro propomos:

– Criação de Força Tarefa Permanente de Enfrentamento as Organizações Criminosas

Esta Força Tarefa Permanente de Enfrentamento às Organizações Criminosas, sob o comando do futuro Ministério da Segurança Pública, deverá incluir as polícias da União (Polícia Federal, Polícia Rodoviária Federal, Força Nacional – futura Guarda Nacional),

Receita Federal e as Polícias Civil e Militar dos Estados e do Distrito Federal, para, com inteligência e repressão qualificada, mapear em todo território nacional as modalidades e *modus operandi* dessas organizações criminosas e atuar de forma sistêmica, integrada e permanente nas estruturas do crime organizado no país.

8. Controle e revisão da política de armas

A Lei federal n. 10.826/2003, que criou o Estatuto do Desarmamento, representou um grande avanço no controle de armas no país. Fortalecer o Estatuto do Desarmamento e revogar todos os Decretos do atual governo que flexibilizaram o acesso às armas de fogo é necessário e urgente, pois, além de ser uma política equivocada e demagógica de transferir à população uma responsabilidade que é do Estado, o incentivo ao armamento da população produz mais violência.

9. Propor ao Congresso Nacional um Piso Nacional para as Polícias Estaduais, Polícia Penal Estadual e Guardas Civis municipais

Uma das questões-chave que uma política de Segurança Pública Democrática, Cidadã e Antirracista deve priorizar é a valorização policial.

Falar em valorização policial sem discutir questões salariais dos policiais é não enfrentar o tema de forma objetiva. As bases de nossas polícias são mal pagas em todo território nacional (talvez com exceção do DF). A implementação de um Piso Nacional para as Polícias Estaduais e guardas civis municipais é fundamental para incluir os policiais e os guardas civis municipais no debate das reformas estruturais que irão desenhar o novo sistema de Segurança Pública.

A grande maioria dos policiais faz trabalhos extras, os chamados "bicos", para complementação salarial. Isso só diminuirá quando as bases das polícias tiverem uma significativa elevação salarial, o que, consequentemente, diminuíra a vitimização policial, que acontece, na maioria das vezes, quando o policial está realizando o serviço extra.

O Poder Judiciário, o Ministério Público e a Defensoria Pública, por exemplo, possuem todos uma referência base de salário, independente do Estado onde atuam. Com as devidas diferenças, o setor de segurança que pretende ser democrático, cidadão e antirracista precisa pagar salários adequados aos seus policiais.

10. Criação da Ouvidoria Geral de Polícia autônoma e independente, nas Polícias da União

Infelizmente, os governos da transição democrática não foram capazes de criar à Ouvidoria de Polícia autônoma e independente nas Polícias da União, para garantir o controle social da atividade policial. A Lei n. 13.675/18, Lei do SUSP, estabelece que a União, os Estados, o Distrito Federal e os municípios deverão criar Ouvidorias dotadas de autonomia e independência (artigo 34). Entretanto, até hoje, não houve qualquer iniciativa para a criação do órgão autônomo e independente de controle social da atividade policial na Polícia Federal, Polícia Rodoviária Federal, Polícia Penal e na Força Nacional.

Criar uma Ouvidoria Geral das Polícias da União, com autonomia e independência, com corpo próprio de servidores, mandato ao Ouvidor(a) Geral e dotação orçamentaria própria é essencial para estabelecer o controle social da atividade policial nas polícias da União.

III. Reformas Infraconstitucionais das Instituições policiais estaduais

O Sistema Único de Segurança Pública – SUSP foi idealizado em 2002, no Programa de Segurança para o Brasil do Instituto Cidadania, após amplos debates com policiais e setores da sociedade civil de todas as regiões do país. O SUSP original tinha como premissa uma Ampla Reforma do Sistema de Segurança Pública que se iniciaria com mudanças infraconstitucionais.

Mudanças infraconstitucionais dependem, em grande medida, de vontade e decisão política dos governadores dos Estados. Infelizmente, a transição democrática não produziu nem mudanças constitucionais e tampouco mudanças infraconstitucionais no setor de Segurança Pública. Elencamos algumas destas reformas que fortaleceriam a perspectiva de uma polícia democrática, cidadã e antirracista.

1. Mudanças nos Regulamentos Disciplinares das PMs

Os Regulamentos Disciplinares das Polícias Militares são cópias do regulamento disciplinar do Exército Nacional. Praticamente todos os regulamentos disciplinares das PMs dos Estados valorizam mais o comportamento dos policiais militares dentro dos quartéis do que na rua, quando exercem de fato a sua função civil, que é o policiamento ostensivo. No *hall* de transgressões previstas nos RDPMs, em média 70% dizem respeito as questões internas e 30% as questões efetivas de Segurança Pública. Rever os Regulamentos Disciplinares, com novas leis estaduais, é a principal medida para fortalecer o acompanhamento e fiscalização dos policiais militares quando estão em contato com a população e humanizar as relações internas das Polícias Militares. A lógica do RDPM deve ser civil porque a função da Polícia Militar de realizar policiamento ostensivo é civil. Estética militar não é sinônimo de estrutura militar.

2. Controle rigoroso do uso da força letal por policiais

É necessário e urgente diminuir os números absurdos da letalidade policial, que não é aleatória; 99% das vítimas de violência são pobres e, destas, em média, 66% a 80% são jovens negros das periferias.

Em São Paulo, a Polícia Militar possui uma metodologia sobre uso de arma de fogo criada em1998, chamada de Método Giraldi – Tiro Defensivo de Preservação da Vida. Se o método fosse devidamente seguido, São Paulo não seria o segundo Estado em letalidade policial do país, atrás apenas do estado do Rio de Janeiro. Portanto, não basta ter um bom método de prevenção se, na prática, ele não é utilizado.

Assim, criar novos Protocolos Operacionais Padrões (POPs) sobre o Uso da Força Letal é tarefa essencial na busca pela diminuição da letalidade policial. Exemplo disso seria a criação de um POP sobre "fundada suspeita". No Código de Processo Penal, a abordagem policial é justificada se o suspeito portar arma de fogo ou objeto de crime. Na prática, porém, as abordagens se dão pela cor da pele e pela condição social do suspeito.

3. Autonomia dos órgãos periciais

A autonomia dos órgãos periciais é fundamental não só para acabar com a cultura de subordinação às Polícias Civis, mas também porque os órgãos periciais têm importância estratégica na Segurança Pública. Quando a perícia se torna autônoma e independente da Polícia Civil, a tendência é crescer em eficiência, uma vez que tal autonomia seja acompanhada de estrutura administrativa e orçamentária. Idealmente, a perícia deveria estruturar-se como uma nova polícia: **Polícia Técnico Científica,** que subsidie os Polícias Civis e militares com provas técnicas nos Inquéritos Policiais e Inquéritos Policiais Militares.

Reestruturar os órgãos periciais na perspectiva de se tornarem uma Polícia Técnico Científica, através de leis estaduais, representará um avanço no âmbito das provas técnicas, tão essenciais para o trabalho dos órgãos internos de Polícia Judiciária, seja ele civil ou militar, e para a qualificação dos Inquéritos policiais em geral.

4. Corpo de Bombeiros desvinculado das Polícias Militares

Hoje, na maioria dos Estados, os Corpos de Bombeiros já estão separados das Polícias Militares. A atividade de Corpo de Bombeiros é estritamente civil, não havendo, portanto, justificativa para essa instituição ainda ser militar. Um novo marco legal para os Corpos de Bombeiros estaduais será imperativo para que sua estruturação espelhe uma instituição efetivamente civil, com um código de conduta próprio que reflita suas competências, que são muito diferentes das competências *scrictu sensu* dos policiais militares.

5. Corregedorias de polícia desvinculadas das direções das polícias

É preciso reforçar e reestruturar os órgãos de controle interno: as Corregedorias de Polícia. A principal mudança é dar total independência em relação às direções das polícias e vinculá-las ao gabinete do secretário de Segurança Pública. Além disso, é fundamental que, gradativamente, crie-se uma carreira própria para os policiais que estão lotados nas corregedorias, garantindo-lhes inamovibilidade e formação específica. Isto pode ser feito legalmente, via Decretos dos governadores.

6. Ouvidorias de polícia autônomas e independentes nas Polícias dos Estados Federados e Distrito Federal

Temos Ouvidorias de Polícia em praticamente todos os Estados Federados. Mas em apenas quatro deles as Ouvidorias de Polícia são autônomas e independentes. São eles: São Paulo, Maranhão, Rio Grande do Norte e Pará. Criar Ouvidorias de Polícias autônomas e independentes, com corpo próprio de servidores, mandato aos Ouvidores(as) e dotação orçamentaria própria, é essencial para fortalecer o controle social da atividade policial e contribuir com a transparência do setor de Segurança Pública.

7. Unificação progressiva das Academias e Escolas de Formação das polícias

Como já foi enfatizado, um dos principais problemas da herança cultural de nossas polícias é que nenhuma delas realiza o ciclo completo da atividade policial. Historicamente, isso levou a uma formação distinta entre as Polícias Estaduais.

A criação do princípio do ciclo completo da atividade policial na Constituição passa, necessariamente, pelo Congresso Nacional. Mas, na esfera dos Estados, é possível criar, gradativamente, a unificação das Academias e Escolas de Formação.

Uma formação unificada irá contribuir para diminuir os conflitos de competência das polícias e fortalecer ações integradas.

8. Criação de órgão integrado de informação e inteligência, envolvendo Polícia Civil e Polícia Militar

Os órgãos de inteligência policial, criados no país nos períodos de arbítrio, serviram mais para bisbilhotar partidos políticos e movimentos sociais, populares e sindicais, do que para subsidiar ações estratégicas de enfrentamento ao crime, em especial da criminalidade organizada.

Na democracia, os órgãos de inteligência policial devem estar voltados exclusivamente para subsidiar o planejamento de ações da Segurança Pública. É condição *sine qua non* para o enfrentamento à criminalidade organizada a inteligência policial.

A criação de um Órgão Integrado de Inteligência Policial, voltado exclusivamente para subsidiar as ações policiais, poderá ser feita por decretos dos governadores. Isso qualificará as ações policiais e será fundamental para ações integradas das polícias.

9. Programa Integrado de Saúde Mental

Além dos baixos salários, a maioria das polícias não contam com Programas de Atenção em Saúde Mental. Em pesquisa inédita realizada pela Ouvidoria da Polícia de São Paulo, constatou-se que ocorreram 53 suicídios policiais nas Polícias Civil, Militar e Técnico Cientifica do Estado nos anos de 2017 e 2018.

A taxa de suicídio policial em São Paulo é quatro vezes maior que na sociedade brasileira. A pesquisa identificou que o suicídio policial é a primeira causa de vitimização policial na Polícia Civil e a segunda na Polícia Militar (a primeira são homicídios na folga). Infelizmente, a Polícia Civil de São Paulo não tem nenhum Programa de Saúde Mental para os policiais e, na Polícia Militar, o programa existente atinge apenas cerca de 35% do efetivo. Estes dados refletem a situação similar de falta de suporte à saúde mental em todas as instituições policiais do país. Entre as motivações do suicídio policial, a p[illegible]quisa apontou:

- [illegible]ente à função policial
- [illegible]rte de serviço de saúde mental
- [illegible]nto mental
- [illegible]s institucionais (perseguições)
- Con[illegible]itos familiares e problemas financeiros
- Isolamento social, rigidez e introspecção
- Subnotificação das tentativas de suicídio
- Fácil acesso a arma de fogo

Se o estresse inerente à atividade policial é uma das principais motivações do suicídio policial, é fundamental que se tenha acompanhamento psicológico dos policiais desde o início da carreira até a sua aposentadoria. Criar Programas de Saúde Mental que abranjam todos os policiais, do início ao fim da carreira, coordenados por profissionais sem vínculos com as instituições policiais, é fundamental e urgente. Os problemas de saúde mental dos policiais afetam direta ou indiretamente sua atividade profissional e representam uma das principais causas da vitimização policial.

10. Transparência no processo de ascensão na carreira

Nossas Polícias Estaduais não têm carreira única, o que por si só representa a existência de níveis diferentes de ascensão profissional. São raros os casos de um praça chegar a ser coronel ou de um escrivão, investigador ou agente policial chegar a ser delegado de polícia.

Vários Estados estão estabelecendo o critério de curso superior para várias carreiras nas Polícias Civis e buscando transformar o curso de formação de soldados da Polícia Militar em tecnólogo, o que garantiria a referência de formação superior. São boas iniciativas, mas elas se chocam com o processo de ascensão interno que muitas vezes não têm a transparência necessária.

É preciso ampliar as formas de ascensão das bases das polícias, estabelecendo porcentagens objetivas para cada nível da carreira e transparência nos cursos internos de acesso. É preciso também estabelecer novos critérios de ascensão profissional. Os critérios mais usualmente utilizados nas Polícias Militares são: merecimento, tempo de serviço e bravura. Dentre esses, apenas o tempo de serviço é critério objetivo. Merecimento, na maioria das vezes, é uma decisão subjetivas dos comandos, e bravura reforça a cultura repressiva das polícias. Melhor seria um critério que leve em conta ações exitosas de policiais que não tenham resultado morte. Nenhuma ocorrência com resultado morte é uma boa ocorrência.

Os critérios que reforçam o poder discricionário e subjetivo de oficiais das Polícias Militares e delegados de polícia na Polícia Civil precisam dar lugar às regras claras e objetivas como tempo de serviço e históricos de ocorrências em que, apesar da complexidade, não houve excessos ou resultado morte. Mas é preciso, em especial, criar, **a curto e médio prazos, a cultura de carreira única nas instituições.**

11. Grupo Unificado de Mediação de Conflitos

Muitos conflitos de pequena intensidade acabam nos Distritos Policiais. Na perspectiva da Segurança Pública Democrática e Cidadã, é importante que os policiais, civis e militares, tenham expertise em mediação de conflitos para resolver pequenas ocorrências, como brigas de vizinhança e outras desinteligências, a partir do diálogo, sem que seja necessário judicializar estas demandas. Em parceria com o Poder Judiciário, que seria também responsável pela formação dos policiais e por homologar os acordos oriundos da mediação, os policiais mediadores de conflitos contribuiriam diretamente para diminuir as demandas de desinteligências nas delegacias, e fortaleceriam uma visão mais humanista da atividade policial, que culturalmente é vista apenas nas ações de repressão e não na prevenção e mediação.

12. Programa Estadual e Regional de Redução das Mortes Violentas

As mortes violentas no Brasil apresentam números inaceitáveis. Parte delas está relacionada às ações das organizações criminosas que cooptam jovens das periferias para atividade criminosa. Em 2017, chegamos ao absurdo de 63.800 mortes violentas no país.

Já houve uma diminuição significativa das mortes violentas nos Estados, muito por conta das ações dos governadores. Mas os números ainda são elevados. A diminuição das mortes violentas está intrinsicamente relacionada ao trabalho de inteligência para enfrentar as organizações criminosas e à uma estratégia permanente de ações de prevenção nas periferias, somado à novas oportunidades de lazer, cultura e oportunidades de trabalho aos jovens pobres e periféricos que são vítimas da violência policial e do crime organizado.

Portanto, criar um Programa Permanente Estadual e Regional de Redução de Mortes Violentas passa, também, por ações que extrapolam as ações policiais propriamente ditas. O enfrentamento ao fenômeno das mortes violentas deve ter um caráter transversal, envolvendo várias secretarias estaduais que possam, através de programas e propostas voltados às políticas sociais de prevenção da violência, contribuir efetivamente para a diminuição destas mortes, que atingem sistematicamente a população mais pobre do país. Nestes programas, os Estados devem articular-se com os municípios, que tem vocação para políticas públicas de prevenção da violência e do crime.

Fundamental que este programa Estadual e Regional de Redução das Mortes Violentas **priorize a diminuição da letalidade policial**, que atinge sistematicamente os mais pobres, em especial a juventude pobre e negra das periferias. Em São Paulo, segundo dados de pesquisa do FBSP em parceria com a UNICEF, 44% das mortes violentas de crianças e adolescentes foram cometidas por policiais e, deste universo, 80% eram de crianças e jovens negros.

13. Fortalecer o Policiamento de Proximidade e não o que busca Flagrante Delito

As Polícias Militares têm uma cultura de fazer policiamento ostensivo pautado na busca de Flagrante Delito, muito em razão do fato de não terem autorização constitucional para investigar e, fundamentalmente, de não ter tradição, cultura e treinamento para realizar policiamento preventivo, que prioriza chegar antes do crime.

Como diz o Cel. PM da reserva Ibis Pereira, que foi comandante da PM do estado do Rio de Janeiro, referindo-se à atuação do Policial Militar daquele Estado: "Sua ação em busca do flagrante delito o embrutece".

Na perspectiva de que a letalidade policial tem em seu embrião um conceito ultrapassado de Segurança Pública, o policial da ponta que atua com violência, que se "embruteceu", reproduz inconscientemente esta cultura perversa de violência e, paradoxalmente, é também vítima da violência que ele próprio produz, razão pela qual deve ter outros estímulos e condicionamentos para sua atividade policial.

Mudar o enfoque do policiamento ostensivo, fortalecendo a lógica de policiamento preventivo e comunitário, é uma das principais características de uma Política de Segurança Pública Democrática, Cidadã e Antirracista que evite o crime, valorize a defesa da vida e tenha capacidade de enfrentar com inteligência e repressão qualificada o crime organizado.

É imperativo ter um novo Protocolo Operacional Padrão (POP), que dê enfoque para o policiamento ostensivo preventivo, principalmente em um país como o Brasil em que questões raciais e sociais influem diretamente nos padrões da violência policial.

É muito pouco a transição democrática afirmar que o sistema de Segurança Pública está esgotado e não apresentar propostas que irão alicerçar uma política de Segurança Pública Democrática, Cidadã e Antirracista.

IV. Ampliar o papel do Ministério Público no Controle Externo da Atividade Policial

A Constituição Federal de 1988 atribuiu ao Ministério Público Federal e Estadual, entre outras atribuições, a de realizar o controle externo da atividade policial. Passados 33 anos da promulgação da CF, o Ministério Público ainda faz muito pouco controle da atividade policial. Em praticamente todos os Estados e no Distrito Federal, nos casos graves de crimes contra a vida e outros relacionados a integridade física das pessoas, cometidos por policiais, o Ministério Público acolhe os pedidos de arquivamento dos órgãos policiais na maioria das vezes. Apenas os casos de repercussão nacional, excepcionalmente, têm denúncias do MP. Em alguns Estados existem Atos Normativos do MP de controle externo das Polícias Civis, mas os números de inquéritos Policiais que se transformam em denúncias do MP são baixíssimos.

Por outro lado, praticamente não existem Atos Normativos do MP de controle das Polícias Militares que também tem função judiciária, quando instaura Inquérito Policial Militar (IPM). Os Ministérios Públicos Federal e Estadual não querem perder a atribuição de serem responsáveis pelo controle externo das polícias, mas nas últimas três décadas demostram não terem interesse institucional de realizá-lo com afinco.

Para fortalecer o controle externo da atividade policial das polícias da União e dos Estados, seria importante a criação de "**Promotorias Especiais de Controle Externo da Polícia**". Deve caber ao MP designar para essas futuras Promotorias Especiais um número adequado de promotores e procuradores de Justiça, considerando que em média não chega a 2% o número de promotores e procuradores de Justiça voltados para a tarefa de controle externo da atividade policial.

V. Reforma do Sistema Prisional

Segundo levantamento de informações Penitenciarias do Departamento Penitenciário Nacional - DEPEN, havia, até junho de 2021, um contingente de 820.689 pessoas com alguma privação de liberdade. Desses, 673.674 estão em celas físicas e 141.002 presos em prisão domiciliar. O Brasil é o 3º país do mundo em número de presos, atrás apenas dos EUA e da China.

Os dados evidenciam a superlotação no sistema prisional e a necessidade de melhoria de condições estruturais das prisões. As denúncias de maus tratos, tortura e condições precárias do cumprimento da pena fazem parte da realidade do sistema. Também, é de conhecimento público que as várias organizações criminosas exercem "controle" na maioria das Unidades do Sistema Prisional nos Estados, no Distrito Federal e nos presídios Federais.

Pesquisas recentes indicam que cerca de 39% dos presos do país respondem por crimes relacionados a droga (a grande maioria por pequenas quantidades de entorpecentes), cerca de 37% por crimes contra o patrimônio e apenas 11% por crimes contra a pessoa. A grande maioria dos presos tem baixa escolaridade e aproximadamente 68% são negros.

Os presos provisórios, sem condenação definida, ultrapassam 34% do contingente de presos no sistema prisional.

As Penas Alternativas são muito pouco aplicadas no Brasil, o que leva os presos por crimes não-violentos a serem cooptados pelas organizações criminosas que atuam nas unidades prisionais.

Diante deste quadro indicamos algumas diretrizes:

1) **Ampliação das Penas Alternativas;**

2) **Separação de presos condenados por crimes de menor potencial dos presos por crimes mais graves,** que constituem ameaça concreta ao convívio social;

3) **Diminuição urgente do número de presos provisórios;**

4) **Maior Fiscalização e controle nos presídios estaduais e federais,** visando inibir a atuação das organizações criminosas;

5) **Ampliação dos Centros de Ressocialização,** que demostraram ter custos menores e baixas taxas de reincidência, além de não possuírem denúncias de violência e influência das organizações criminosas;

6) **Revisão de lei de drogas,** que na prática só prende jovens pobres e negros das periferias;

7) **Consolidação dos Presídios Federais no sistema prisional** para abrigar condenados por crimes de competência da Justiça Federal, dotados de caráter permanente.

A Editora Contracorrente se preocupa com todos os detalhes de suas obras! Aos curiosos, informamos que este livro foi impresso no mês de novembro de 2022, em papel Pólen Natural 80g, pela Gráfica Copiart.